PREMIÈRE PERSONNE

Titre original : *Первое лицо*
© 2000 ВАГРИУС

© So Lonely, 2016
Pour la traduction française
ISBN 978-2-9552900-3-3

Photos : collection personnelle
de Vladimir Poutine.

SO LONELY EDITION
7-9 rue de la Croix Faubin
75011 Paris
www.so-lonely.fr
contact@so-lonely.fr

PREMIÈRE PERSONNE

conversations avec
VLADIMIR POUTINE

Propos recueillis par

Natalia Guevorkian,
Natalia Timakova,
Andreï Kolesnikov

Traduction de

Ksenia Bolchakova

so lonely.

PRÉFACE DES AUTEURS

Nous nous sommes entretenus avec Vladimir Poutine à six reprises. Pendant plusieurs heures à chaque fois. Lui comme nous avons dû faire preuve de patience et de tolérance. Lui, quand nous posions des questions délicates ou simplement trop indiscrètes. Nous, quand il arrivait en retard ou lorsqu'il demandait d'éteindre le dictaphone. « *C'est très personnel* », disait-il.

Pour ces rencontres, bien qu'en cravate, il « *tombait la veste* ». Généralement, on se voyait tard le soir. Et une seule fois sur les six, nous sommes allés dans son bureau au Kremlin. En somme, nous avions pour lui la même question que celle posée en janvier au forum de Davos par la journaliste américaine Trudy Rubin : « *Qui est Monsieur Poutine ?* » Cette question était alors adressée à de célèbres hommes politiques et hommes d'affaires russes. Et au lieu d'une réponse, il y avait eu un silence. Il nous semble que ce silence a trop duré. Quant à la question, elle n'a rien perdu de sa pertinence.

Avec Poutine, nous avons parlé de la vie. Essentiellement de sa vie. Nous avons discuté, comme ça se fait le plus souvent en Russie, autour d'une bonne table. Parfois, il arrivait épuisé, les yeux fatigués, mais jamais il n'a de lui-même interrompu la conversation. Une fois seulement, à minuit passé depuis longtemps, il a demandé poliment : «*Alors, avez-vous posé toutes vos questions ou on discute encore un peu?*»

Il est arrivé, lorsqu'il cherchait une réponse à une question, que Poutine s'arrête de parler, mais ensuite, il répondait quand même. Ainsi, avant de nous dire si quelqu'un l'avait déjà trahi, il s'est tu pendant un long moment, avant de répondre «*non*», et de préciser : «*Mes amis ne m'ont jamais trahi.*»

Nous avons tenté de retrouver les amis de Poutine, les gens qui le connaissent bien ou ceux qui ont joué un rôle important dans son destin. Et enfin, nous avons fait un arrêt dans sa datcha où nous avons rencontré un essaim de femmes : son épouse Loudmila, ses deux filles – Macha et Katia –; sa chienne, un caniche bichon nommé Toska.

Nous n'avons rien ajouté à ces conversations. Dans ce livre, il n'y a pas une seule ligne d'auteur, juste nos questions. Et si elles incitaient Poutine ou l'un de ses proches à se souvenir, à méditer, nous faisions tout notre possible pour ne pas les interrompre. C'est pourquoi le résultat, du point de vue du format, est quelque peu inhabituel – ce livre se compose d'interviews et de monologues.

Toutes nos conversations y sont retranscrites. Nous ne pensons pas avoir répondu à la question «*Qui est Monsieur Poutine?*» Mais que, grâce à ce livre, Poutine soit devenu plus compréhensible, ça, nous en sommes certains.

Natalia Guevorkian,
Natalia Timakova,
Andreï Kolesnikov

PRÉFACE DE L'ÉDITEUR

« *Un type qui veut écrire l'histoire de son pays millénaire* »

Une fois, une seule. Vladimir Poutine ne s'est présenté qu'une seule fois dans le détail et en longueur au peuple russe, et par défaut au reste du monde. C'était en 2000, dans un exercice de communication grand public. Alors président de la Fédération de Russie par intérim, il entamait sa toute première campagne présidentielle et a senti le besoin politique de se raconter. Avant cela, pendant quarante-huit ans d'une vie en grande partie dédiée à l'intelligence et au renseignement, il est resté dans l'ombre ou presque. Membre du KGB, le service de renseignement et d'action, c'est aux côtés de Boris Eltsine à la mairie de Saint-Pétersbourg qu'il a commencé sa carrière politique. Il deviendra ensuite l'un des plus proches conseillers du président Eltsine avant d'être nommé directeur du FSB, le service fédéral de sécurité publique, en 1998.

Jamais un chef d'État aussi influent sur la scène internationale et sur la durée n'a été aussi mal connu. Le monde a un avis sur son action sans que personne ne connaisse son corpus intellectuel, sa formation, ses réussites et échecs, la manière dont il accorde ou non sa confiance, son rapport au monde... En 2012, il est élu une troisième fois comme président, avec 63,6% des voix au premier tour, et permet de remettre la Russie sur la carte des relations internationales par ce qu'il connaît le mieux : la culture du contrôle et du rapport de force.

Ce que l'on sait de lui aujourd'hui en Europe se résume souvent aux quelques contacts que les ministres et diplomates ont pu avoir avec lui. *« Vladimir Poutine est très direct,* explique Jean-Marc Ayrault à *Society, il ne passe pas par des circonvolutions. »* Pour l'histoire. *« Poutine, son sujet, c'est de savoir comment laisser une empreinte dans l'histoire russe,* précise Thomas Gomart, directeur de l'Institut français des relations internationales. *L'opinion internationale, il s'en fiche : lui, sa comparaison, c'est Pierre le Grand, Catherine II, Staline, Brejnev. On est face à un type qui veut écrire l'histoire de son pays millénaire et qui se retrouve face à des interlocuteurs qui lui tiennent un discours post-moderne. »*

En 2000, donc, il accorde plusieurs entretiens à trois journalistes russes, pas particulièrement proches de lui et de ses idées: Natalia Guevorkyan, Natalia Timakova et Andreï Kolesnikov. En vingt-quatre heures d'échanges plutôt libres, tout est déjà là. Au cours de ces longues sessions, Vladimir Poutine a raconté sa vie, la manière dont il s'est construit, ses passions et blessures. Il y évoque aussi bien ses études de droits que son combat contre un champion du monde de judo, son envie d'Amérique latine ou sa sympathie pour Bill Clinton. Sa volonté manifeste de redonner ses lettres de noblesse à un pays bousculé par l'histoire transpire sur et entre les lignes. Mais tout en réserve.

Depuis, l'Ouest a affiné son regard sur son action. Les lecteurs du *Time* l'ont élu plusieurs fois personnalité de l'année avec

PRÉFACE DE L'ÉDITEUR

l'étiquette de « président en mission pour restaurer l'empire perdu de son pays. » *Newsweek* l'a décrit comme le « paria, ennemi public numéro 1 de l'Ouest ». Son rapport au monde est aujourd'hui mal connu. Ses prises de parole sont aussi rares que lapidaires. Certes, il organise de longues déclarations officielles d'interventions militaires, d'intimidation ou de remise à sa place d'un ambassadeur. Mais un mystère permanent entoure sa manière de diriger le pays. Vladimir Poutine est un président qui sait plus que les autres se mettre en scène et à nu, littéralement, chevauchant dans les steppes ou pêchant. Est-ce pour mieux cacher ce qui l'anime intérieurement, dont ses zones d'ombre, et particulièrement celle concernant sa fortune ? Ce témoignage est l'une des très rares fois où Poutine, qui est alors encore un jeune politique, livre quelques précieuses informations.

Ce livre met au jour des pistes d'analyse. Comment apprécier la démonstration de puissance politique, géopolitique et militaire, ou l'insuccès de sa politique économique sans connaître l'intérêt – et le désintérêt parfois – réel du chef de l'État pour ces sujets ? Comment appréhender le halo de mystère entourant toute négociation diplomatique avec lui en méconnaissant sa fascination pour un film, *Le Glaive et le Bouclier*, dans lequel *« avec si peu de moyens, à la force d'un seul homme, on pouvait atteindre des résultats que des armées entières n'arrivaient pas à obtenir »* ? Comment anticiper l'évolution des relations – particulières – avec l'Allemagne sans tenir compte de sa connaissance personnelle du pays, où il a vécu, côté ex-RDA ?

De nombreux chefs d'État qui se sont frottés au président russe disent avoir du mal à comprendre comment il fonctionne. Gérard Depardieu dit de lui qu'il peut parler des heures durant de l'Histoire russe et de l'histoire de sa famille. C'est un élément fondamental pour comprendre sa politique de reconstruction de la grandeur russe. Il semble impossible de comprendre Poutine sans se mettre à sa place, et donc sans lire ces passages. Son culte du secret est un atout diplomatique. Tous ceux qui auront à l'avenir à traiter avec lui se doivent de le lire sur la longueur.

Première Personne permet aussi de relire l'Histoire plus de quinze ans après, à l'aune de ses déclarations de l'époque, et de pointer ses contradictions. À de rares moments-clés de l'entretien, ses affirmations prennent une relative liberté avec la réalité. Il y a d'abord les documents révélés par l'ancienne conseillère municipale de Saint-Pétersbourg, Marina Salié. Au début des années quatre-vingt-dix, Saint-Pétersbourg fait face à une grave crise d'approvisionnement. La mairie a alors lancé un plan de troc de matières premières contre nourriture, avec licences d'exportation. Des documents signés de sa main dont il nie l'existence dans l'entretien, mais qui seront révélés plus tard. Il y a ensuite l'évacuation de Sobtchak de Saint-Pétersbourg par avion qu'il aurait organisée, mais qu'il nie également dans cet entretien fleuve. Enfin, à Dresde, il explique avoir dispersé les manifestants par la négociation, alors que plusieurs témoins ont ensuite précisé qu'il y avait clairement eu de réelles menaces proférées de tirer sur la foule.

Ce livre constitue un document exceptionnel, car totalement inédit. Publié en 2000 en Russie, puis traduit aux États-Unis, il n'a jamais fait l'objet d'une édition française. En manque d'informations, chaque concitoyen semble néanmoins aujourd'hui avoir un avis définitif sur l'homme et sa stratégie, de l'Ukraine à la Syrie en passant par les relations avec les États-Unis. Avec l'importance fondamentale jouée par la Russie dans le concert des nations internationales, ce livre offre une clé de lecture rare d'un personnage s'inscrivant chaque jour un peu plus dans l'Histoire. – **P.B & B.F.**

INDEX DES PERSONNALITÉS

VADIM VIKTOROVITCH BAKATIN
Ministre de l'Intérieur de l'URSS de 1988 à 1990. Directeur du KGB en 1991. Candidat à l'élection présidentielle de 1991.

BORIS ABRAMOVITCH BEREZOVSKY
Oligarque, homme d'affaires qui a fortement influencé la sphère politique russe après la chute de l'URSS. Actionnaire principal de la chaîne de télévision pro-pouvoir ORT, la plus regardée du pays. Lié aux mafias tchétchènes, il est accusé d'avoir profité des trafics d'armes durant la première guerre de Tchétchénie. Numéro deux du Conseil national de sécurité en 1996-1997, puis secrétaire général de la CEI (Communauté des États indépendants) de mai 1998 à mars 1999. Il sera à chaque fois limogé par Boris Eltsine. En 1999, il est élu député de Karatchaïévo-Tcherkessie, une république du Caucase du Nord. En coulisse, il contribue à l'arrivée au pouvoir de Vladimir Poutine, avant de tomber en disgrâce et d'être poursuivi pour fraude et évasion fiscale par le pouvoir russe. En mars 2013, il est retrouvé pendu dans sa maison au Royaume-Uni où il était exilé depuis octobre 2001.

Pavel Pavlovitch Borodine
Chef du département de l'Administration des propriétés présidentielles de la Fédération de Russie de 1993 à 2000. En janvier 2000, il est nommé secrétaire d'État de l'Union de la Russie et de la Biélorussie. Poste qu'il quittera en 2011, avant de prendre sa retraite.

Leonid Ilitch Brejnev
Secrétaire général du Parti communiste de l'Union soviétique, principal dirigeant de l'URSS de 1964 à 1982.

Edouard Amvrossievitch Chevardnadze
Ministre des Affaires étrangères de l'URSS de 1985 à 1991 sous Mikhaïl Gorbatchev. Partisan de la Perestroïka et du rapprochement avec l'Occident. Il démissionne et soutient Boris Eltsine en 1991. Co-président du Mouvement pour la réforme démocratique de 1991 à 1992. Premier président de la Géorgie post-soviétique de 1992 à 2003. Décédé en juillet 2014.

Mikhail Ivanovitch Frolov
Colonel à la retraite, instructeur de Vladimir Poutine à l'Institut Andropov du Drapeau rouge du KGB.

Vera Dmitrievna Gourevitch
Professeur de Vladimir Poutine à l'école n°193 de Saint-Pétersbourg du CM1 à la 4ᵉ.

Marina Valentinovna Ientaltseva
De 1991 à 1996, assistante de Vladimir Poutine, alors responsable des relations extérieures de la mairie de Saint-Pétersbourg. Depuis 2008, chef du protocole de la présidence de la Fédération de Russie.

Valentin Iumachev
Journaliste, homme d'affaires, homme politique. Chef de l'administration présidentielle russe sous Boris Eltsine, de mars 1997 à décembre 1998.

Sergueï Borissovitch Ivanov
Officier des services de renseignements extérieurs soviétiques, lieutenant-colonel

du KGB. En août 1998, il est promu directeur adjoint du FSB (ex-KGB). Secrétaire du Conseil de sécurité de la Fédération de Russie de 1999 à 2001. Vice-Premier ministre de 2008 à 2011. Depuis 2011, il est le chef de l'Administration présidentielle russe.

Sergueï Vladilenovitch Kirienko

Homme d'affaires et homme politique russe. Vice-ministre de l'Énergie de 1997 à 1998, il devient en avril 1998 le plus jeune Premier ministre jamais nommé dans le pays. Le célèbre « krach » d'août 1998 le contraint à dévaluer la monnaie russe par rapport au dollar. Le remboursement de la dette extérieure est suspendu. Il est limogé le 23 août par Boris Eltsine. Député et président du groupe parlementaire de l'Union des forces de droite de 1999 à 2000. Depuis 2005, président de *ROSATOM*, l'agence fédérale de l'énergie atomique russe.

Alexandre Vassilievitch Korjakov

Membre de la 9e direction du KGB, responsable de la sécurité des personnalités importantes et de la garde du Kremlin, il est engagé en 1985 comme garde du corps personnel de Boris Eltsine qui dirige alors la branche moscovite du Parti communiste de l'URSS. Une fois élu président, ce dernier le désigne comme chef de la garde présidentielle, un service de sécurité tout-puissant. Proche confident de Boris Eltsine, voire éminence grise selon certains, il sera écarté de ses fonctions après une série de désaccords sur la façon de mener campagne pour la présidentielle de 1996. Député à la Douma, le Parlement russe, de 1997 à 2011.

Vladimir Alexandrovitch Krioutchkov

Un des principaux dirigeants du KGB dont il fut le directeur entre 1988 et 1991 jusqu'à son arrestation pour sa participation au putsch d'août 1991, un coup d'État qui visait à évincer Mikhaïl Gorbatchev du pouvoir. Emprisonné, il est amnistié et libéré en 1994. Il est mort en 2007 à Moscou à l'âge de 83 ans.

Iouri Mikhailovitch Loujkov

Maire de Moscou de 1992 à 2010, démis de ses fonctions par le président russe Dmitri Medvedev suite à des accusations de corruption. Aujourd'hui, il vit exilé à Londres.

EKATERINA (KATIA) VLADIMIROVNA POUTINA
Fille cadette de Vladimir Poutine.

LOUDMILA ALEXANDROVNA POUTINA
Épouse de Vladimir Poutine de 1983 à 2013. Dans le texte, elle est surnommée « Liouda », « Lioudik ».

MARIA (MACHA) VLADIMIROVNA POUTINA
Fille aînée de Vladimir Poutine.

EVGUENI MAXIMOVITCH PRIMAKOV
Journaliste à la *Pravda* de 1956 à 1970. Directeur de l'Institut d'études orientales de l'Académie des sciences de 1977 à 1985. De 1985 à 1989, il dirige l'Institut d'économie et de relations internationales. De 1990 à 1991, il est membre du Conseil présidentiel de Mikhaïl Gorbatchev. Après le coup d'État manqué d'août 1991, il est nommé Premier président adjoint du KGB, puis directeur des services de renseignements extérieurs de Russie, le SVR (1991-1996), puis ministre des Affaires étrangères en janvier 1996 et de nouveau en 1998. En septembre 1998, Boris Eltsine le nomme Premier ministre par décret, avant de le limoger en mai 1999. Élu député à la Douma du parti Rodina (« la Patrie ») en décembre 1999, Primakov préside la Chambre de commerce et d'industrie de décembre 2001 à 2011. Il décède le 26 juin 2015 des suites d'un cancer du foie. Vladimir Poutine et le patriarche orthodoxe Kirill lui rendent hommage lors de ses funérailles à Moscou.

SERGUEÏ PAVLOVITCH ROLDOUGUINE
Célèbre musicien. Violoncelliste de l'Orchestre symphonique du théâtre Mariinsky de Saint-Pétersbourg. Un des meilleurs amis de Vladimir Poutine, il est le parrain de sa première fille, Macha.

ANATOLI ALEXANDROVITCH SOBTCHAK
Professeur de droit à la faculté de Leningrad (aujourd'hui Saint-Pétersbourg) d'où une bonne partie de la nouvelle élite politique russe sera issue. Parmi ses anciens élèves et collaborateurs, Vladimir Poutine ou Dmitri Medvedev. Sobtchak est le co-auteur de la Constitution de la Fédération de Russie. Premier maire démocratiquement élu à Saint-Pétersbourg en 1991, poste qu'il occupera

jusqu'en 1996. Co-président du Mouvement pour la réforme démocratique de 1991 à 1992. Il subit plusieurs revers aux élections régionales (1996) et législatives (décembre 1999). Il meurt d'une attaque cardiaque en février 2000. Vladimir Poutine assista aux funérailles de son mentor. Sa femme s'appelle Loudmila Borissovna Naroussova. Elle est également évoquée dans ce livre.

OLEG NIKOLAEVITCH SOSKOVETS

Nommé Premier vice-président du gouvernement (vice-Premier ministre) en 1993, il chapeaute 14 ministères, incluant ceux de l'Énergie et des Transports, dirige une vingtaine de commissions gouvernementales (coopération militaire entre la Russie et l'étranger ; commission pour une politique de la concurrence, etc.). À la fin de l'année 1994, il devient le représentant du président russe en Tchétchénie, en plein conflit armé. Licencié de toutes ses fonctions par Boris Eltsine en 1996, suite au scandale du vol d'un demi-million de dollars à la « Maison-Blanche » (nom du siège du gouvernement russe). Depuis 2011, il est vice-président de l'Académie russe d'ingénierie et président du syndicat Union russe des producteurs.

IOURI SKOURATOV

Procureur général de Russie d'octobre 1995 à avril 2000. En octobre 1998, il lance une grande enquête sur la corruption des fonctionnaires de l'Administration présidentielle. Il est suspendu fin 1999 après la diffusion par une chaîne de télévision publique, la RTR, d'une cassette vidéo dans laquelle un homme lui ressemblant se livre à des ébats amoureux avec deux prostituées. Skouratov nie être l'homme de la vidéo et accuse Vladimir Poutine d'avoir monté ce « piège » pour l'écarter de ses fonctions.

ANATOLI BORISSOVITCH TCHOUBAÏS

Homme politique et homme d'affaires russe. Vice-premier ministre dans le gouvernement de Viktor Tchernomyrdine en 1992. Membre de la commission gouvernementale responsable de la privatisation en 1993. Premier vice-Premier ministre en 1994, puis renvoyé par Boris Eltsine en janvier 1996 avant d'être nommé par ce dernier chef de l'Administration présidentielle en juillet 1996. Ministre des Finances de mars à novembre 1997. Premier vice-Premier ministre de 1997 à 1998. Depuis la chute de l'Union soviétique, Tchoubaïs est une figure incontournable de la politique intérieure russe. Depuis 2008, il dirige le conglomérat d'États *RUSNANO*, chargé du développement des nanotechnologies dans le pays.

VLADIMIR EVGUENIEVITCH TCHOUROV
Vice-directeur du Comité des relations extérieures de la ville de Saint-Pétersbourg de 1995 à 2003. Depuis 2007, président de la Commission électorale centrale russe.

VLADIMIR ANATOLIEVITCH YAKOVLEV
Vice-maire de Saint-Pétersbourg en 1993, il devient Premier maire-adjoint de la ville l'année suivante sous le mandat d'Anatoli Sobtchak. En 1996, il bat ce dernier à l'élection régionale et devient gouverneur de Saint-Pétersbourg (47,5 % des voix contre 45,8 % à Anatoli Sobtchak), poste qu'il occupe jusqu'en 2003, avant d'entrer au gouvernement comme ministre des Transports. En 2004, il est nommé représentant du président Vladimir Poutine dans le district fédéral du Sud, frappé alors par une vague d'attentats sanglants. Il est poussé vers la sortie après la tragique prise d'otages d'une école à Beslan (Ossétie du Nord). Ministre du Développement régional de septembre 2004 jusqu'à septembre 2007, il décide la même année de se retirer de la vie politique.

VOLODIA, VOVKA, VOVA
Diminutifs affectifs de Vladimir.

LEXIQUE DES ABRÉVIATIONS

FSB – (*Federalnaïa sloujba bezopasnosti Rossiyskoï Federatsii*) Service fédéral de sécurité de la Fédération de Russie. Services secrets du pays, chargés de la sécurité intérieure. Successeur du KGB soviétique.

FSK – (*Federalnaïa sloujba Kontrrazvedki Rossiyskoï Federatsii*) Service fédéral chargé du contre-espionnage de la Fédération de Russie.

FSO – (*Federalnaïa sloujba Okhrani Rossiyskoï Federatsii*) Service fédéral de protection de la Fédération de Russie. Un des services de renseignement russe chargés de la protection des hautes personnalités de l'État et du Kremlin.

KGB – (*Komitet gossoudarstvennoï bezopasnosti*) Comité pour la sécurité d'État, principal service de renseignement de l'URSS post-stalinienne, chargé de la sécurité interne du pays et de la police secrète.

KOMSOMOL – Organisation de la jeunesse du Parti communiste de l'URSS fondée en 1918.

Koukli – « Les poupées », émission hebdomadaire satirique qui était diffusée sur la chaîne privée NTV avant sa reprise en main par l'État. Sa fabrication, son style rappellent le modèle français des *Guignols de l'info*. Très critique à l'égard du pouvoir durant les guerres de Tchétchénie, son ton acerbe n'est pas toujours du goût des hommes politiques russes, à commencer par Vladimir Poutine. Devenu président, ce dernier exige que sa marionnette ne soit plus utilisée, mais la chaîne refuse. En juin 2000, un mois après son investiture au Kremlin, la police russe arrête le propriétaire de la chaîne Vladimir Goussinski pour malversations et abus de biens publics. La société Gazprom-Media, proche du pouvoir, rachète les actions de NTV, qui tombe sous la coupe du Kremlin.

MVD – (*Ministerstvo Vnoutrennikh Diel*) Ministère de l'Intérieur de la Fédération de Russie.

OTAN – Organisation du traité de l'Atlantique Nord.

NKVD – (*Narodniy komissariat vnoutrennikh diel*) Commissariat du peuple aux Affaires intérieures. Principal service de renseignement de l'URSS de 1934 à 1946.

OSCE – Organisation pour la sécurité et la coopération en Europe.

Pionniers soviétiques – Organisation de jeunesse communiste équivalente aux scouts. Étroitement liée au ministère de l'Éducation et dirigée par le Komsomol.

SED – (*Sozialistische Einheitspartei Deutschlands*) Parti socialiste unifié d'Allemagne. Le SED était le parti communiste au pouvoir sous la République démocratique allemande (RDA).

– En réalité, ma vie est très simple, elle est comme un livre ouvert.
Après l'école, je suis allé à l'université.
Après l'université, je suis allé au KGB.
Après le KGB, je suis retourné à l'université.
De l'université, j'ai rejoint l'équipe de Sobtchak à Saint-Pétersbourg.
De Saint-Pétersbourg, je suis parti à Moscou, aux Affaires de la présidence.
Ensuite, à l'Administration présidentielle.
De là, au FSB.
Ensuite, j'ai été nommé Premier ministre.
Aujourd'hui, je suis président par intérim. C'est tout!

– Mais il y a bien quelques détails dans cette histoire?!

– Oui, il y en a...

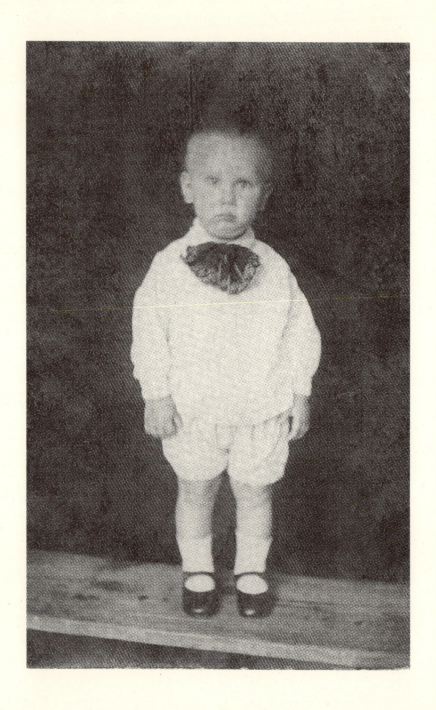

CHAPITRE 1.

LE FILS

« Ils n'en disaient pas long sur leur vie »

J'en sais un peu plus sur la famille de mon père que sur celle de ma mère. Mon grand-père paternel est né à Saint-Pétersbourg et travaillait comme cuisinier. Une famille on ne peut plus ordinaire : un simple cuisinier, rien de plus. Mais on peut supposer qu'il cuisinait bien, car après la Première Guerre mondiale, il a été invité à travailler à Podmoskovniye Gorki*, où vivait Lénine et toute la famille Oulianov. Après la mort de Lénine, grand-père a été transféré dans une des datchas de Staline. Il y a travaillé longtemps.

Il n'a pas été victime des répressions staliniennes ?

Non, curieusement. C'est vrai que peu de gens de l'entourage de Staline ont été épargnés. Mon grand-père a eu cette chance. Il a même survécu à Staline et, à la fin de sa vie, lorsqu'il était déjà retraité, il continuait à cuisiner au sanatorium du Comité moscovite du parti communiste à Illyinski.

* *Une banlieue de Moscou*

Ce sont vos parents qui vous parlaient de votre grand-père ?

J'ai moi-même des souvenirs d'Illyinski, car j'y allais pour voir mon grand-père de temps à autre. Lui, il gardait le silence sur sa vie passée. Mes parents non plus ne me racontaient presque rien. À l'époque, ça ne se faisait pas trop... Mais parfois, des membres de la famille venaient nous rendre visite. Il y avait alors des discussions à table, j'entendais des bribes d'informations, des fragments. Mes parents ne me parlaient jamais d'eux. Surtout pas mon père.

Mais tout de même, il y avait ces bribes, ces fragments... ?

Oui. Je sais que mon père est né à Saint-Pétersbourg en 1911. Lorsque la Première Guerre mondiale a éclaté, la vie y est devenue très dure, il n'y avait pas de quoi se nourrir, alors toute la famille est partie vivre à la campagne, à Pominovo dans la région de Tver, d'où ma grand-mère était originaire. D'ailleurs, sa maison est toujours là, certains membres de ma famille y vont encore en vacances. C'est là-bas, à Pominovo, que mon père a rencontré ma mère. Ils avaient tous deux 17 ans quand ils se sont mariés.

Ils avaient une raison particulière de le faire si vite ?

A priori non. Pourquoi faudrait-il une raison ? La raison principale, c'était l'amour. Et puis mon père allait être appelé à l'armée. Peut-être qu'ils avaient besoin de se donner des garanties l'un à l'autre... Je ne sais pas.

VERA DMITRIEVNA GOUREVITCH
PROFESSEUR PRINCIPAL DE VLADIMIR POUTINE DE LA 4ᴱ À LA 8ᴱ*
À L'ÉCOLE N° 193 DE SAINT-PÉTERSBOURG

Ses parents ont eu une vie très difficile. Imaginez un peu le courage que sa mère a dû avoir pour mettre Volodia au monde à l'âge de 41 ans ? C'est un enfant tardif. Un jour, son père m'a dit : « *Un de nos fils aurait pu avoir votre âge.* » J'ai alors compris qu'ils avaient perdu un enfant pendant la guerre. Mais je n'ai jamais osé le questionner là-dessus.

* *Équivalent du CM1 à la 4ᵉ*

En 1932, mes parents sont revenus à Saint-Pétersbourg. Ils habitaient en banlieue, à Peterhof. Ma mère a trouvé un travail à l'usine, et mon père a été aussitôt enrôlé dans l'armée, dans la flotte sous-marine. Lorsqu'ils sont rentrés, ils ont eu deux garçons à un an d'intervalle. L'un d'entre eux est mort quelques mois après la naissance.

Quand la guerre a commencé, votre père est tout de suite parti au front ? Il était sous-marinier et il venait de finir son service militaire...
Oui, il est parti au front comme engagé volontaire.

Et votre maman ?
Maman refusait catégoriquement de partir. Elle est restée à la maison à Peterhof. Lorsque c'est devenu vraiment invivable, son frère est venu la chercher pour l'amener à Piter*. Lui, il était officier de la marine de guerre et servait l'état-major à Smolny. Quand il a évacué ma mère et son bébé, c'était sous les tirs de mortier et les bombardements.

Et le grand-père cuisinier ? Il n'aidait pas vos parents ?
Non, à cette époque, personne ne demandait de faveurs à personne. Je pense que, dans ce contexte, c'était juste impossible. Mon grand-père avait beaucoup d'enfants, tous ses fils sont partis au front. Et tous n'en sont pas revenus.

Donc votre mère et son fils ont quitté Peterhof assiégé pour aller à Leningrad, également assiégé par les Allemands ?
Et où pouvaient-ils aller ? Maman racontait qu'il y avait des maisons d'accueil pour les enfants à Leningrad, des sortes d'abris où l'on tentait de leur sauver la vie. C'est dans l'une de ces maisons que mon second frère a attrapé la diphtérie. Il est mort lui aussi.

Et elle, comment a-t-elle fait pour survivre ?
C'est son frère qui l'aidait. Il lui donnait un peu de ses rations. Mais il y a eu une période où il a été transféré dans une autre zone de combat, et là, elle s'est retrouvée au seuil de la mort. Ce n'est pas

---
* *Saint-Pétersbourg*

une exagération : un jour, elle avait tellement faim qu'elle a perdu connaissance, les gens l'ont prise pour morte, ils l'ont allongée à côté d'un tas de cadavres. Par chance, maman a repris ses esprits à temps et elle a commencé à gémir. C'est un miracle qu'elle ait survécu... Elle est restée à Leningrad durant tout le blocus. Elle est partie bien plus tard, une fois le gros du danger passé.

Et où était votre père ?
    Il était sur le champ de bataille. Il avait été affecté à l'un des bataillons de « destructeurs » du NKVD. Ces bataillons étaient chargés de mener des opérations de sabotage derrière les lignes allemandes. Mon père a lui-même pris part à une de ces opérations. Leur groupe comptait 28 personnes. Ils ont été lâchés non loin de Kinguissepp*, après avoir fait des repérages tout autour, ils se sont établis dans les bois et ils ont même réussi à faire sauter une cargaison de munitions. Mais ils ont fini par ne plus avoir de vivres. Ils sont allés voir les habitants locaux, c'étaient des Estoniens. Ces derniers leur ont d'abord apporté à manger, puis ils les ont dénoncés aux Allemands. Ils n'avaient presque aucune chance de survivre. Les Allemands les encerclaient de partout. Seuls quelques-uns ont pu s'échapper, et mon père en faisait partie. Les Allemands étaient à leurs trousses. Les survivants du bataillon se dirigeaient vers la ligne de front. En chemin, ils ont encore perdu quelques hommes et c'est alors qu'ils ont décidé de se disperser. Mon père s'est immergé tout entier dans un marécage. Il a respiré à l'aide d'une paille, jusqu'à ce que les chiens qui étaient à sa recherche passent à côté. C'est comme ça qu'il s'est sauvé. Sur vingt-huit personnes, seulement quatre s'en sont sorties.

Ensuite, il a rejoint son épouse ? Ils se sont retrouvés ?
    Non, il n'a pas eu le temps. Il a tout de suite été renvoyé au combat. Il s'est encore retrouvé dans une zone difficile, surnommée le Nevsky Pyatachok**. C'est sur la rive gauche de la rivière Neva, si on se place dos au lac Ladojski. Les troupes allemandes avaient alors pris le contrôle de tout le secteur, excepté cette petite bande de terre. Et nos

---

* *Dans la région de Leningrad*
** *Le petit square de Nevsky*

soldats l'ont défendue tout au long du blocus, persuadés que ce périmètre allait finir par jouer un rôle stratégique lors de la percée des troupes russes. Les Allemands n'ont cessé d'essayer de s'en emparer. Une quantité impressionnante de bombes a été lâchée sur chaque mètre carré. Ça a été un carnage abominable. Mais ce bout de terrain a fini par jouer son rôle.

Et vous ne croyez pas que le prix à payer a été trop élevé pour ce petit morceau de terre ?
Je pense qu'à la guerre, il y a toujours beaucoup d'erreurs. C'est inévitable. Mais si, au combat, tu te dis que tout le monde se trompe autour de toi, tu ne pourras jamais gagner. Il faut avoir une attitude pragmatique. Et il faut penser à la victoire. Nos soldats pensaient à la victoire. Mon père a été grièvement blessé sur le Nevsky Pyatachok. Ils avaient reçu l'ordre, un autre combattant et lui, de capturer un prisonnier et de le faire parler lors d'un interrogatoire. Ils ont rampé jusqu'à l'abri le plus proche et à peine se sont-ils mis en position d'attente qu'un Allemand en est sorti. Il a été surpris tout comme eux. Mais l'Allemand a réagi plus vite. Il a sorti une grenade et l'a balancée sur eux, puis il a continué son chemin tranquillement. Comme quoi, la vie est une petite chose très fragile.

Comment savez-vous tout ça ? Vous disiez pourtant que vos parents n'aimaient pas parler d'eux...
Cette histoire, mon père me l'a racontée personnellement. L'Allemand pensait sûrement qu'il les avait tués. Mais mon père a survécu. Certes, les éclats de la grenade lui ont broyé une jambe. Quelques heures plus tard, nos soldats l'ont sorti de là.

Et ils sont passés par la ligne de front ?
C'est tout à fait exact. L'hôpital le plus proche étant en ville, pour y accéder il fallait traverser toute la Neva. Tous savaient que c'était du suicide, car chaque centimètre était mitraillé. Et bien sûr, aucun commandant n'aurait donné l'ordre d'emmener mon père à l'hôpital. Personne non plus ne s'est porté volontaire. Il avait déjà perdu tellement de sang qu'il n'en doutait pas : il allait mourir si

on le laissait là comme ça. Et c'est à ce moment-là qu'un soldat l'a remarqué par hasard. Et par hasard, c'était un de ses anciens voisins. Il a compris très vite ce qu'il se passait, sans dire un mot, il a pris mon père sur le dos et l'a traîné sur la glace vers l'autre rive de la Neva. C'étaient des cibles idéales et pourtant, ils s'en sont sortis. Le voisin l'a amené jusqu'à l'hôpital, il l'a salué avant de repartir sur le champ de bataille. Il lui a juste dit qu'ils n'allaient sûrement plus jamais se revoir. Visiblement, il n'espérait pas survivre à la bataille du Pyatachok et pensait que mon père avait lui aussi peu de chances de s'en sortir.

Et il s'est trompé ?
Dieu merci, oui. Mon père s'en est sorti. Il a passé plusieurs mois à l'hôpital. Et c'est là-bas que ma mère l'a retrouvé. Elle allait le voir tous les jours. Elle n'était plus que l'ombre d'elle-même. Quand mon père a vu ça, il a commencé petit à petit à lui donner ses repas dans le dos des infirmières. Mais, à vrai dire, ce petit jeu n'a pas duré longtemps. Les médecins ont remarqué que mon père perdait connaissance parce qu'il ne mangeait pas. Quand ils ont découvert pourquoi, ils ont sermonné mes parents et ils ont même interdit à ma mère de venir voir mon père pendant un certain temps. Résultat : les deux ont survécu. Seulement, mon père a boité toute sa vie à cause de cette blessure.

Et le voisin ?
Le voisin a survécu ! Il est parti dans une autre ville après le blocus. Mon père et lui se sont croisés complètement par hasard à Leningrad 20 ans après ! Vous imaginez ?

— « *On ne pouvait rêver mieux* » —

VERA DMITRIEVNA GOUREVITCH

La maman de Volodia était une femme très délicate, bienveillante, toujours disponible, la bonté en personne. Tout ce qui comptait, c'était que Volodia soit bien nourri, qu'il soit rassasié. Mais le plus

souvent, c'est son père qui cuisinait, il faisait très bien la galantine. Nous, nous repensons souvent à cette galantine « à la Poutine ». Personne n'en a jamais fait une pareille !
Sa mère n'avait pas fait beaucoup d'études. Je ne sais même pas si elle est allée au-delà du CM2. Elle a passé sa vie à travailler. Elle a été concierge ; elle a réceptionné de nuit des marchandises dans les boulangeries ; elle a nettoyé des éprouvettes dans des laboratoires. Il me semble même qu'elle ait été agent de sécurité dans un dépôt-vente. Le père, lui, était maître d'œuvre à l'usine. Il était très apprécié, parce qu'il était toujours motivé pour travailler autant qu'il le fallait. D'ailleurs, il a attendu très longtemps sa pension d'invalidité, et ce, malgré le fait qu'il boitait sérieusement.

Après la guerre, mon père a été démobilisé et il est parti travailler comme maître d'œuvre à l'usine Yegorov de construction de wagons. Dans chaque wagon de métro, il y a d'ailleurs toujours une petite plaque où l'on peut lire : « Ce wagon, numéro tant, a été assemblé à l'usine de construction Yegorov. » Grâce à l'usine, il a immédiatement obtenu une chambre dans un appartement communautaire dans un immeuble typique de Saint-Pétersbourg. C'était dans la ruelle Baskov, dans le centre. Il y avait une cour intérieure, c'était au 5ᵉ étage sans ascenseur. Avant la guerre, mes parents avaient la moitié d'une maison à Peterhof. Ils étaient alors très fiers du niveau de vie qu'ils avaient réussi à atteindre. Quand on y pense, ce n'est pas très fameux comme niveau, mais eux, ils ne pouvaient rêver mieux.

VERA DMITRIEVNA GOUREVITCH

Le hall d'entrée était horrible. L'appartement était communautaire, sans aucun confort. Il n'y avait pas d'eau chaude, pas de baignoire. Les toilettes faisaient peur à voir, elles donnaient directement sur la cage d'escalier. Et il y faisait si froid, c'était affreux... La rampe d'escalier était en métal. L'escalier était dangereux, il y avait des trous partout dans les marches.

C'est là, dans cette cage d'escaliers, que j'ai compris pour de bon ce que voulait dire être acculé. Des rats vivaient dans notre entrée d'immeuble. Et mes amis et moi, nous passions notre temps à les pourchasser avec des bâtons. Un jour, j'ai vu un énorme rat et je l'ai poursuivi jusqu'à ce qu'il soit vraiment coincé. Il ne pouvait pas s'échapper. Alors il s'est retourné et il m'a bondi dessus. Ça m'a surpris et j'ai eu très peur. Le rat s'est alors mis à me poursuivre. Il sautait de marche en marche, il évitait les trous. J'ai tout de même été plus rapide que lui et j'ai réussi à lui claquer la porte au nez.

VERA DMITRIEVNA GOUREVITCH
Il n'y avait pas de cuisine à proprement parler. Juste un sombre couloir, sans fenêtres. D'un côté, il y avait le four à gaz, de l'autre, le lavabo. Il était quasiment impossible de s'y frayer un chemin. Derrière cette prétendue cuisine, il y avait des voisins, une famille de trois personnes. À côté, d'autres voisins encore, un couple de personnes âgées, qui ont fini par déménager. C'est seulement à ce moment-là qu'une vraie cuisine a pu être aménagée, une belle cuisine, lumineuse. Un grand buffet a été installé. Mais l'appartement restait communautaire… Les Poutine n'avaient qu'une seule pièce, certes assez grande pour l'époque, elle faisait dans les 20 m².

Dans une des pièces de notre appartement communautaire vivait une famille juive. Un vieux papi, une mamie et leur fille Hava. C'était déjà une femme mûre, mais, comme disaient les adultes à son sujet, elle n'avait pas réussi à faire sa vie. Elle ne s'était pas mariée et vivait chez ses parents.

Son père était couturier. Il me paraissait très âgé et malgré cela, il passait ses journées penché sur sa machine à coudre. C'étaient des juifs pratiquants : ils ne travaillaient pas le samedi, et le grand-père passait son temps du matin au soir à rabâcher le Talmud : « *Bouh bouh bouh* »… Un jour, je n'ai pas pu me retenir et je lui ai demandé ce qu'il grommelait. Il m'a alors expliqué ce que c'était comme livre, et j'ai tout de suite perdu tout intérêt.

Comme toujours, dans les cuisines communautaires, il y avait souvent des querelles. J'avais tout le temps envie de défendre mes parents, de prendre leur parti. Mais il faut le dire, j'ai toujours eu aussi de très bonnes relations avec les petits vieux : ils m'aimaient et je jouais souvent dans leur partie de l'appartement. Et voilà qu'un jour, je décide de me mêler d'une dispute. La réaction de mes parents a été absolument inattendue et incompréhensible pour moi. Ils se sont mis en colère. Pour moi, ça a été un vrai choc. Je les défends et ils me disent : « *Reste en dehors de ça !* » Pourquoi ? Je n'arrivais pas à comprendre.

En fait, mes parents considéraient que mes bonnes relations avec les petits vieux, leur amour pour moi, étaient beaucoup plus importants que les petites querelles de cuisine. Après cette histoire, je ne me suis plus jamais mêlé de ces règlements de compte. Dès qu'ils commençaient à se disputer, je quittais simplement la pièce, j'allais soit dans notre chambre, soit chez les petits vieux. Peu m'importait chez qui.

Dans notre appartement, il y avait aussi un couple de retraités. Ils ne sont pas restés longtemps. Mais c'est à eux qu'est lié mon baptême. Notre voisine, Mamie Ania, était très croyante, elle allait à l'église, et, quand je suis né, ma mère et elle m'ont amené me faire baptiser en secret, sans le dire à mon père. Il n'aurait pas compris, lui qui était membre du Parti communiste et représentant du parti au sein de son unité ouvrière.

Longtemps après, en 1993, quand je travaillais déjà au Lensoviet*, j'ai fait un voyage en Israël avec une délégation officielle. Ma mère m'a alors donné ma croix de baptême pour que je la fasse bénir au Saint-Sépulcre. J'ai fait ce qu'elle m'avait demandé, ensuite j'ai mis cette croix autour de mon cou et je ne l'ai plus jamais enlevée.

---

* *Conseil de la ville de Leningrad, du temps de l'URSS.*

CHAPITRE **2.**

L'ÉCOLIER

« Je ne suis pas un pionnier, je suis un voyou »

Vous vous souvenez de votre première rentrée ?
Je suis né en octobre, c'est pour ça que je ne suis allé à l'école que l'année d'après, j'avais presque 8 ans. Nous avons toujours une photographie dans nos archives familiales où je suis en tenue d'écolier, ancien modèle, une tenue grise, qui ressemblait beaucoup à un uniforme militaire. Je suis debout, et pour je ne sais quelle raison, je tiens un pot de fleurs dans les mains. Pas un bouquet, mais un pot.

Vous aviez envie d'aller à l'école ?
Non, pas spécialement. J'aimais mieux notre cour d'immeuble. Il y avait deux cours communicantes, ça formait comme un puits, et toute ma vie s'y déroulait. De temps à autre, ma mère passait la tête par la fenêtre et criait : *« T'es dans la cour ? – Oui, dans la cour. »* Et c'était très bien, tant que je ne m'éloignais pas. Je n'avais pas le droit de quitter la cour sans permission.

Et vous n'avez jamais désobéi ?

Je devais avoir cinq ou six ans, je me suis avancé jusqu'à l'angle de la grande avenue. Sans permission, bien sûr. C'était le 1ᵉʳ mai. J'ai regardé autour de moi. Il y avait des gens partout, du bruit, la rue était très animée. J'ai même eu un peu peur. Quelques années plus tard, c'était en hiver et j'étais plus âgé, nous avons quitté la ville avec quelques amis, sans le dire à nos parents. Nous voulions partir à l'aventure. Nous avons pris un train de banlieue et nous sommes allés je ne sais plus où. Il faisait froid. Avec des allumettes, nous nous sommes débrouillés tant bien que mal pour faire un feu. Nous n'avions rien à manger. Nous étions gelés. Alors nous avons repris le train en sens inverse. Et quand nous sommes rentrés, nous nous sommes pris des coups de ceinture. Après ça, l'envie de partir en voyage nous est passée.

Vous avez cessé de chercher l'aventure ?

J'ai arrêté pour un temps. Surtout à partir du moment où j'ai commencé à aller à l'école. De ma première à ma 8ᵉ année*, j'allais à l'école 193 qui se trouvait dans la même ruelle que notre immeuble, à 7 minutes à pied. J'étais toujours en retard au premier cours, c'est pour ça que, même en hiver, je ne m'habillais pas correctement. Ça prenait un temps fou de s'habiller, de courir à l'école, d'enlever son manteau pour rentrer en classe. Alors pour gagner du temps, je ne me couvrais pas, je courais le plus vite possible, sans manteau, pour arriver directement à mon bureau d'écolier.

D'ailleurs nous avons remarqué que même aujourd'hui, vous n'êtes pas toujours ponctuel...

Mais je fais des efforts !

Et l'école, ça vous a plu ?

Ça m'a plu un certain temps. Tant que j'arrivais à rester, comment dire... le leader informel. L'école était près de notre cour, cette cour était notre refuge, et ça aidait beaucoup.

---

* *En Russie, le décompte se fait de la 1ʳᵉ à la 11ᵉ classe qui équivaut à la terminale*

Les autres enfants vous obéissaient ?

Je ne voulais pas être un chef à tout prix. Préserver mon indépendance était plus important pour moi. Et si on devait comparer à la vie adulte, alors le rôle que je jouais à l'époque ressemblait plus à celui du pouvoir judiciaire qu'à celui de l'exécutif. Tant que j'y arrivais, l'école me plaisait bien. Mais ça n'a pas duré. J'ai vite compris que mes acquis de gamin de la rue étaient insuffisants et j'ai commencé à faire du sport. Mais ça aussi, ça n'a pas suffi longtemps pour maintenir un certain statut. Il fallait aussi être bon à l'école. Pour être honnête, jusqu'à la 6ᵉ classe, je faisais les choses par-dessus la jambe.

VERA DMITRIEVNA GOUREVITCH

Nous avons fait connaissance lorsque Volodia était en 4ᵉ année. Leur institutrice, Tamara Pavlovna Tchijova, m'avait demandé : « *Vera Dmitrievna, reprenez ma classe s'il vous plaît, les élèves ne sont pas mauvais.* » J'ai assisté à quelques-uns de leurs cours. J'ai aussi organisé des ateliers d'allemand. Et j'étais curieuse de voir qui parmi les enfants viendrait. J'ai eu dix, douze élèves. Tamara Pavlovna m'a demandé ensuite : « *Alors, qui est venu ?* » Je lui ai dit : « *Natacha Soldatova, Volodia Poutine…* » Elle a été très surprise : « *Et Volodia aussi ? Ça ne lui ressemble pas.* » Lui, pourtant, semblait très intéressé par la leçon. Elle m'a alors dit : « *Attends un peu, il va encore te montrer de quoi il est capable. – Que veux-tu dire ?* » ai-je demandé. Elle m'a répondu qu'il était débrouillard, mais très désorganisé. Il n'était même pas pionnier. Normalement, on pouvait y être admis dès la 3ᵉ classe. Lui, trop vif, turbulent, n'a pas été pris pour ces raisons-là.

Certaines classes étudiaient l'anglais, d'autres l'allemand. L'anglais était déjà plus à la mode que l'allemand, il y avait plus de classes d'anglais. Volodia a rejoint ma classe. En 5ᵉ année, il ne dévoilait pas encore toutes ses capacités, mais je sentais déjà qu'il avait du potentiel, de l'énergie, du caractère. J'ai vu chez lui un grand intérêt pour la langue, il avait des facilités, une très bonne mémoire et un esprit agile. Je me suis dit alors qu'on pourrait faire quelque chose de ce garçon. J'ai décidé de lui accorder plus d'attention, j'essayais de faire en sorte qu'il coupe les ponts avec les gamins de la rue. Il y avait des camarades dans la cour en bas de chez lui, les deux frères Kovchov. Ensemble, ils grimpaient sur les toits des garages, ils jouaient dans les hangars. Le père de Volodia n'aimait pas ça du tout. Mais malgré nos efforts, nous n'avons pas réussi à éloigner Volodia de ces frères Kovchov.

Son père était un homme très sérieux, imposant, à l'air sévère. Quand je leur ai rendu visite pour la première fois, j'ai même eu un peu peur – je me suis dit : *« Quel homme strict ! »* Ensuite, il s'est avéré qu'il avait bon cœur. Mais jamais de petits bisous. Les gâteries, les câlins, ce n'était pas le style de la maison. Et donc, cette fois-là, je suis venue le voir et je lui ai dit : *« Votre fils pourrait faire mieux, il ne travaille pas assez à l'école. »* Et lui : *« Qu'est-ce que je peux faire ? Le tuer ou quoi ? »* J'ai répondu : *« Il faut lui parler, essayons de nous occuper de lui ensemble – vous à la maison et moi à l'école. Il peut avoir de meilleures notes, il assimile très facilement. »* Nous nous sommes mis d'accord. Mais notre influence n'a pas été bien grande.

Volodia a radicalement changé à partir de la 6ᵉ année. Il s'est sûrement fixé des objectifs. Il a dû comprendre qu'il fallait avoir des buts dans la vie. Et ses notes ne descendaient plus en dessous de la moyenne, il y arrivait facilement. C'est là qu'il a enfin été admis chez les pionniers. C'était à Sabline. Nous sommes allés visiter la maison de Lénine, et à côté, une cérémonie solennelle a eu lieu. Tout de suite après, il est devenu le délégué du soviet* de son détachement.

Alors comme ça, vous n'êtes devenu pionnier qu'à la 6ᵉ année ? Ça allait si mal que ça avant ?

Bien sûr. Avant, j'étais plus un voyou qu'un pionnier.

Vous faites de la coquetterie, là…

Vous me vexez. J'étais vraiment une petite canaille.

---

* *Conseil*

VERA DMITRIEVNA GOUREVITCH
À l'époque, la plupart des gamins s'intéressaient à la danse. Il y avait des soirées à l'école. Nous avions un club, « le Cristal », où nous montions des spectacles... Mais Volodia n'aimait pas participer à tout ça. Son père voulait qu'il joue de l'accordéon et il l'a même forcé à aller prendre des cours pendant ses premières années d'école. Volodia, lui, n'en avait pas envie. Par contre, il jouait de la guitare avec plaisir.

Ses amis et lui chantaient des chansons de Vissotski, toutes les chansons de La Verticale* sur les étoiles, sur Serioja de la rue Malaya Bronnaya.

Mais globalement, il n'était pas trop sociable. Il préférait le sport. Il a commencé la lutte pour pouvoir se défendre. Il s'entraînait quelque part vers la gare de Finlande. Il y allait quatre fois par semaine et il a vite commencé à être plutôt bon. Il aimait son « sambo ». Et il a commencé à participer aux compétitions – ce qui l'a amené à aller souvent dans d'autres villes.

— « *Le judo, ce n'est pas seulement un sport* » —

J'ai commencé à faire du sport vers dix, onze ans. Dès qu'il est devenu clair que mon caractère bagarreur ne suffirait pas pour rester le chef dans ma cour d'immeuble et à l'école, j'ai décidé de prendre des cours de boxe. Mais je n'ai pas tenu longtemps : on m'a très vite cassé le nez. La douleur était terrible – impossible de toucher le bout de mon nez. Mais je n'ai pas été voir le médecin, même si beaucoup dans mon entourage me disaient qu'il fallait me faire opérer. J'ai demandé : « *Pourquoi faire ? Ça se remettra en place tout seul.* » Et ça s'est remis. Mais l'envie de faire de la boxe m'est passée après ça.

C'est alors que j'ai opté pour le sambo. La lutte était populaire à l'époque. J'ai rejoint une école non loin de chez moi et j'ai commencé à prendre des cours. C'était une salle très modeste appartenant au

---

* *Film de 1967 réalisé par Stanislav Govorukhin et Boris Durov, classique du cinéma soviétique, dans lequel Vladimir Vissotski, acteur et chanteur populaire, joue le premier rôle et dont il a écrit la bande originale*

collectif sportif «Troud»[*]. Là-bas, j'ai eu un excellent entraîneur – Anatoli Semionovitch Rakhline[**]. Il a consacré toute sa vie au sport, aujourd'hui encore il entraîne des gamins, filles et garçons. Je pense que cet entraîneur a joué un rôle déterminant dans ma vie. Si je n'avais pas commencé à faire du sport, je ne sais pas comment ma vie aurait tourné. C'est Anatoli Semionovitch qui m'a réellement sorti de la rue. Ma cour d'immeuble n'était pas le meilleur des environnements pour un enfant. Et donc, j'ai d'abord fait du sambo, puis du judo. C'est l'entraîneur qui a pris la décision de passer au judo, et tout notre groupe a changé de sport de combat.

Vous savez, le judo, ce n'est pas seulement un sport. C'est une philosophie. C'est le respect des aînés, de l'adversaire, il n'y a pas de faibles dans ce sport. Au judo, tout, du rituel du début à chaque petit détail du combat, a un aspect éducatif. En arrivant sur le tapis, on se salue mutuellement. Ça aurait pu se passer autrement : au lieu de s'incliner, on aurait pu, directement, donner un coup de boule à l'adversaire. Mais non, ça ne se passe pas comme ça. Aujourd'hui encore, je suis ami avec les gens qui s'entraînaient avec moi à l'époque.

Et vous fumiez un peu ?

Non. J'ai peut-être essayé une fois ou deux, mais je n'ai jamais vraiment fumé. Puis quand je me suis mis au sport sérieusement, c'était complètement exclu. Au début, nous nous entraînions un jour sur deux, puis tous les jours, et très vite, je n'ai plus eu une minute à moi. J'avais d'autres priorités, il fallait que je m'affirme dans le sport, que j'obtienne des résultats. J'ai eu de nouveaux objectifs. Et ça, bien sûr, ça m'a fortement influencé.

Et le karaté, vous n'avez pas essayé ? C'était un sport populaire en ces temps-là, il était même interdit par endroits.

Nous considérions le karaté et tous les autres sports de combat

---

[*] «*Travail*» en russe

[**] *Anatoli Rakhline est décédé en août 2013 à l'âge de 75 ans ; Poutine, présent aux obsèques, était très ému, les larmes aux yeux, il est même parti s'isoler – filmé de dos, les caméras de télévision russes l'ont surpris marchant seul dans les rues désertes de sa ville natale. Un deuil mis en scène qui a tourné en boucle sur les chaînes de TV d'État.*

sans contact comme de simples exercices d'échauffement ou comme du ballet. Le sport, c'est quand il y a de la transpiration, du sang et qu'il faut travailler dur. Quand le karaté est devenu très populaire, que toute sorte d'écoles privées se sont ouvertes, nous avons compris que, pour leurs propriétaires, c'était simplement un moyen comme un autre de gagner de l'argent. Nous, nous n'avons jamais payé pour nos leçons. Nous venions tous de familles pauvres. Le karaté était payant dès le début, et les gamins qui en faisaient pensaient qu'ils étaient supérieurs.

Un jour, nous sommes allés au gymnase avec le doyen des entraîneurs de «Troud», Leonid Ionovitch. Et là, on a vu des karatékas s'entraîner sur le tapis, alors que c'était notre tour. Leonid s'est approché de leur entraîneur et lui a dit qu'il était temps de nous céder la place. L'autre n'a même pas regardé dans sa direction, un peu comme pour dire : «*Dégage.*» Alors, sans un mot, Lonia[*] l'a retourné, il l'a étranglé un peu et l'a sorti du tapis. L'autre avait perdu connaissance. Ensuite, Leonid s'est tourné vers nous en disant : «*Entrez, installez-vous.*» Voilà quel était, au début, mon rapport avec le karaté.

Vos parents soutenaient-ils votre apprentissage ?
Non, bien au contraire. Au début, ils considéraient qu'il s'agissait d'une expérience négative qui serait utilisée dans la rue et que tout ça, ça pouvait mal tourner. Ils étaient méfiants à mon égard. Ensuite, quand ils ont fait la connaissance de l'entraîneur et qu'il a commencé à nous rendre visite à la maison, leur regard a changé. Et quand j'ai connu mes premiers succès, les parents ont compris que c'était sérieux et bénéfique.

Vous avez commencé à remporter des victoires ?
Oui, à peu près 2 ans après mes débuts.

VERA DMITRIEVNA GOUREVITCH

Je l'ai suivi de la 4e à la 8e année. Nous avons aussi réfléchi ensemble à l'école qu'il devait choisir pour la suite. Pratiquement tous les élèves de ma classe sont allés à l'école 197, rue Piotr Lavrov. Seuls

[*] *Diminutif affectif de Leonid*

Volodia et Slava Yakovlev en ont choisi une autre qui offrait la possibilité de se spécialiser en chimie. Je suppose que c'est Slava qui l'a persuadé de le faire.

Je me souviens avoir été surprise. Et lui, il m'a dit : « *Nous allons étudier un peu, nous verrons bien...* » Il n'était pas du genre à se précipiter sans réfléchir. Il était bon élève dans cette nouvelle école. Sa prof principale, Minna Moïeseyevna Youditskaya, enseignait comme moi l'allemand. Et curieusement, j'ai commencé à aller plus fréquemment chez les Poutine pour l'aider avec ses devoirs d'allemand. Et lui aussi, il m'aidait. À part l'école, je donnais aussi des cours du soir dans un lycée technique qui formait des architectes et des spécialistes du bâtiment. Une fois, mon mari a dû partir en voyage d'affaires. Mes filles étaient encore petites. Je lui ai dit : « *Volodia, dépanne-moi, je vais rentrer très tard et les filles risquent d'avoir peur si elles se réveillent la nuit toutes seules.* » Il est venu pour les garder et il est même resté dormir. Je considère qu'il est un homme bon. Mais il ne pourra jamais pardonner une trahison ou un coup bas. C'est mon avis.

À ce que j'ai compris, cette nouvelle école ne plaisait pas beaucoup à Volodia. À part, je crois, les cours de littérature. Ils étaient dispensés par le professeur Kotcherguine. Il faisait ça de façon vraiment originale et intéressante. Il donnait des sujets de rédaction surprenants. Un des thèmes m'avait beaucoup marquée, ce n'était pas typique pour l'époque. « *La révolution a un début, la révolution n'a pas de fin.* » Avec ça, il y a de quoi pondre un traité ! Juste après l'école, Volodia a annoncé à ses parents qu'il irait à la faculté de droit. Je ne sais pas ce qui a influencé son choix. Pourquoi le droit ? Nous pensions plutôt qu'il suivrait des études techniques. Lena Griaznova est allée dans un institut technique. Et ils étaient très proches. Elle a commencé à venir chez eux au moins depuis leur 6e année. Même si lui ne s'intéressait pas spécialement aux filles, les filles s'intéressaient à lui. Et voilà qu'il annonce à la surprise générale : « *Je vais tenter d'entrer à l'université.* » J'ai demandé : « *Comment ?* » Et lui : « *Je trouverais la solution, tout seul.* »

— « *On n'accepte pas de volontaires* » —

Avant même de terminer l'école, j'avais déjà envie de travailler dans le renseignement, même si ça me paraissait aussi inaccessible qu'un vol sur Mars. Je lisais des livres sur le sujet, je regardais des films. Puis, j'ai eu envie de devenir marin, puis espion de nouveau. Alors qu'au tout début, ce que je voulais, c'était devenir pilote.

Il y avait une Académie d'aviation civile à Leningrad, et je comptais sérieusement m'y inscrire. Je lisais sur le sujet, je me suis même abonné à un magazine spécial. Puis des livres et des films comme *Le Glaive et le Bouclier*[*] ont fait leur part du travail. Ce qui m'impressionnait le plus, c'était le fait qu'avec si peu de moyens, à la force d'un seul homme, on pouvait atteindre des résultats que des armées entières n'arrivaient pas à obtenir. Un seul espion avait entre les mains le destin de milliers de gens. Enfin, c'est comme ça que je voyais le métier. Après ça, plus aucune Académie d'aviation civile ne pouvait m'intéresser. Mon choix était fait.

C'est vrai que mes parents n'ont pas compris tout de suite. Un jour, mon entraîneur est venu les voir et leur a dit : « *Il y a une proposition concrète : avec son niveau en sport, Volodia peut entrer à l'Institut pratiquement sans passer d'examens.* » Ils se sont réjouis bien sûr et ils ont commencé à essayer de me convaincre. Mon entraîneur ne comprenait pas du tout pourquoi je m'y opposais. « *Il a 100 % de chances de réussir, même pour entrer à l'Académie d'aviation civile* », disait-il à mes parents. « *Et si ça ne marche pas à l'Institut, il ira à l'armée.* »

Ma situation était compliquée. Mon père était très autoritaire. Mais j'ai campé sur mes positions. Je leur ai dit que ma décision était prise. Puis un autre de mes entraîneurs s'y est mis aussi, celui de « Troud », Leonid Ionovitch. Un bonhomme très malin. « *Alors*, me dit-il, *tu prépares tes examens d'entrée ?* » Je lui dis : « *Oui. – Pour aller où ?* » Alors qu'il savait déjà, je lui réponds : « *À l'université.* » Lui : « *C'est très bien, et quelle faculté ? – À la faculté de droit* », répondis-je. Il s'est mis à hurler : « *Quoi ? Tu veux arrêter des gens ? Reprends-toi !*

---

[*] *Série de films de 1968 sur la 2ᵉ Guerre mondiale mettant en scène un espion soviétique, Aleksandr Belov. Il travaille en Allemagne pendant le Troisième Reich sous le nom de Ioanne Weis et réussit à infiltrer le commandement du Service de sécurité nazi. C'est l'idole de jeunesse de Poutine.*

Tu vas finir flic! » Je me suis vexé : « *Je ne serai pas flic!* » Bref, il a fait tout un cinéma.

Pendant un an, ils m'ont mis la pression. Ce qui n'a fait que renforcer mon désir d'entrer à la fac de droit. Et pourquoi la faculté de droit ? Je vais vous expliquer. Pour comprendre comment on devient espion, je suis allé à l'accueil de la direction du KGB, j'étais alors en 9ᵉ année d'école*. Un homme est sorti. Et aussi curieux que ça puisse paraître, il m'a écouté. « *Je voudrais*, lui dis-je, *travailler chez vous.* » « *C'est très bien*, répond-il, *mais il y a quelques détails qui coincent. – Lesquels ? – Premièrement, nous n'acceptons pas de volontaires. Deuxièmement, il n'est possible d'intégrer nos services qu'après l'armée ou des études supérieures.* » J'étais intrigué. « *Après quel type d'études supérieures ?* » Il m'a répondu : « *N'importe lesquelles.* » Il voulait sûrement que je lui lâche la grappe. « *Mais quelles études sont préférables ? – La fac de droit ! – Compris* », rétorquais-je.

À partir de ce moment-là, j'ai commencé à me préparer pour la faculté de droit de l'université de Leningrad. Et plus personne ne pouvait m'arrêter. Certes, mes parents et mes entraîneurs ont essayé en me disant que si j'échouais, j'allais finir à l'armée. Ce qu'ils ne savaient pas, c'est que via l'armée, je pouvais aussi arriver à mon but. C'est sûr que ça aurait mis plus de temps, ça aurait compliqué mon parcours, mais ça ne m'aurait pas éloigné de la voie que je m'étais choisie.

Tout de même, ces entraîneurs, ils étaient sacrément inventifs ! Lorsque j'allais aux cours préparatoires pour entrer à la faculté, j'ai appris qu'ils constituaient des listes de sportifs qui seraient prioritaires aux admissions. Je savais parfaitement que je ne serais pas dans ces listes. Mais quand j'ai été admis et que j'ai commencé à étudier, le professeur de sport est venu me voir en me disant que j'étais obligé de rejoindre le club « Bourevesnik ». Je lui ai demandé : « *Et pour quelle raison devrais-je changer de club ?* » Lui : « *Nous t'avons aidé à entrer à la fac, alors sois gentil...* » J'ai senti que c'était louche.

Il m'a dit ça une fois, deux fois, puis l'affaire a viré au conflit. Je suis allé voir le doyen de l'université. J'arrive et je lui dis franchement : « *On me force à rejoindre le "Bourevesnik", je considère que je n'ai pas

---

* Équivalent 3ᵉ

à faire ça. » Le doyen, le professeur Alexeyev, un homme bien, une bonne âme, me demande : « *Et pourquoi on t'oblige ?* » Je lui dis : « *Parce qu'ils affirment qu'ils m'auraient aidé à entrer à l'université en tant que sportif et qu'en échange, je suis obligé de lutter pour* "Bourevesnik". » Il me dit : « *Ah oui ? Ce n'est pas possible ! Tout le monde entre chez nous sur les mêmes critères de sélection, en fonction du savoir et non de certaines listes. Mais attends un moment...* » Sous mes yeux, il a sorti une feuille de son bureau, il y a jeté un œil, puis il m'a demandé mon nom de famille. Je lui ai répondu et il me dit alors : « *Ton nom n'est pas sur cette liste, tu peux sans crainte dire à ceux qui te font ces propositions d'aller se faire voir.* » Et c'est ce que j'ai fait.

Néanmoins, lors des compétitions entre universités, je représentais ma faculté. C'était possible sans changer de club. Mais les entraîneurs ne laissaient pas tomber. Ils voulaient me recruter, même si j'ai dû leur dire cent fois que je ne voulais pas quitter le « Troud », il y avait tous mes amis là-bas, mon premier entraîneur. Je leur ai dit que je ne partirais jamais. Que je lutterais pour qui je voulais.

CHAPITRE 3.

L'ÉTUDIANT

« *Canot, étoiles et corned beef* »

Le concours d'entrée a été difficile ?
Oui, car il y avait cent places, et seules dix personnes pouvaient être admises directement après l'école. Les autres, après l'armée uniquement. Donc pour nous, la compétition était rude, il n'y avait qu'une place pour quarante candidats. J'ai obtenu un 4 sur 5 en dissertation, j'ai eu des 5 dans toutes les autres matières et j'ai été admis*. Par ailleurs, à l'époque, la moyenne au diplôme de fin d'études secondaires n'était pas prise en compte aux admissions à l'université. J'ai donc pu me concentrer sur les matières importantes, celles à passer aux examens d'entrée. Si je n'avais pas cessé de réviser les autres matières, je n'aurais jamais été admis. Dieu soit loué, nos professeurs étaient très intelligents et pleins de tact. Le plus important pour eux était de préparer leurs élèves au concours d'entrée à la fac. Une fois qu'il est devenu clair que je ne comptais pas devenir

* *Système de notation russe – de 2, note la plus basse, à 5, la meilleure note*

chimiste, mais que je voulais m'engager sur la voie des sciences humaines, ils ne m'ont pas compliqué les choses. Au contraire, ils m'ont soutenu.

Et vous avez travaillé dur à l'université, vous pensiez à votre avenir ?
Oui, j'étais un bon étudiant. Je ne m'impliquais pas dans les activités collectives. Je n'étais pas membre du Komsomol.

Votre bourse était-elle suffisante pour vivre ?
Non, elle ne l'était pas. En fait, dans un premier temps, je vivais aux crochets de mes parents. Un étudiant sans le sou. J'aurais pu gagner pas mal d'argent en travaillant sur des chantiers. Mais quel intérêt ? Une fois, j'ai rejoint une brigade d'ouvriers sur un site de construction. C'était dans la région de Komi[*], nous abattions des arbres pour permettre l'installation de lignes à haute tension. Nous rénovions des maisons. Quand le travail a été fait, nous avons reçu un paquet d'argent, environ mille roubles, je crois. À l'époque, une voiture en coûtait de trois et demi à quatre mille. Nous, en un mois et demi, nous avions gagné mille roubles ! C'était une somme considérable. Énorme, pour être honnête. Et donc, cet argent en main, il fallait bien en faire quelque chose. Sans passer par Leningrad, je suis parti en vacances à Gagra[**] avec deux amis. Nous sommes arrivés, nous nous sommes saoulés au porto dès le premier jour, nous avons mangé des brochettes de viande grillée et nous nous sommes mis à réfléchir à la suite. Où aller ? Où passer la nuit ? Quelque part, sûrement, il devait y avoir des hôtels, mais nous n'en rêvions même pas. Et ce n'est que le soir, tard, que nous nous sommes installés chez l'habitant, je ne sais plus quelle vieille nous a accueillis sous son toit. Nous nous sommes baignés et nous avons fait bronzette pendant quelques jours. C'était de très bonnes vacances. Puis le temps est clairement venu pour nous de quitter les lieux, de rentrer chez nous. Il faut avouer, l'argent commençait à manquer.
Après y avoir bien réfléchi, nous avons opté pour le moyen le moins cher – acheter des places sur le pont d'un paquebot qui

---

[*] *République des Komis au nord-ouest de la Russie, dans la région de l'Oural*
[**] *Station balnéaire réputée du temps de l'URSS, en Abkhazie, au bord de la mer Noire*

allait jusqu'à Odessa. Ensuite, nous pensions prendre le train pour Piter, toujours en achetant les billets les moins chers dans le wagon commun sur les lits-couchettes du haut. À l'époque, il y avait un service comme ça, ça s'appelait « un billet de transport combiné ».

Après ça, nous avons fouillé nos poches et nous avons compris que nous étions vraiment fauchés. Avec l'argent qu'il nous restait, nous avons décidé d'acheter de la « touchonka »[*]. Un de mes amis, plus prudent que nous, avait réussi à garder un peu de sous. Il en avait plus que l'autre ami, vraiment tête en l'air. (C'est drôle, ils sont tous les deux avocats aujourd'hui.) Et donc, quand nous avons dit à notre pote l'économe qu'il serait bon de se cotiser pour la viande en conserve, il a réfléchi, puis a répondu : « *Cette viande n'est pas bonne pour le ventre, elle est dure à digérer, ce n'est pas une bonne idée.* » Nous lui avons répondu : « *Comme tu voudras, mais allons-y.* »

Lorsque nous sommes arrivés sur le quai pour monter à bord du paquebot, nous avons compris que ça allait être compliqué. Nous avons vu une grande foule, une foule immense. Même si le bateau était grand lui aussi. Il était beau, tout blanc. Là, le personnel nous explique qu'ils ne laissent passer que ceux qui ont des billets réservés pour voyager en cabine et que les autres ne peuvent pas encore monter.

Mon ami, celui qui avait refusé de se cotiser pour la touchonka, nous dit : « *Ça ne me plaît pas cette affaire. Ça ne tourne pas rond. Essayons de monter à bord tout de suite !* » En plus, nos billets à nous étaient particuliers, vu que c'était cette fameuse « formule combinée ». Tous ceux qui avaient des places sans cabine avaient de tout petits billets en carton. Les nôtres étaient très grands, comme ceux des passagers qui voyageaient en cabine. J'ai dit : « *Ça ne se fait pas, attendons un peu.* » Lui me répond : « *Tu n'as qu'à attendre tout seul, nous on y va.* » Ils ont commencé à monter sur le pont et je les ai suivis, bien sûr. Le contrôleur nous demande : « *Ils sont comment vos billets ? – Ils sont grands* », avons-nous répondu. Et il nous a laissés entrer.

Nous sommes passés comme des gens respectables, quelques minutes avant que le maître d'équipage ne se mette à crier : « *Y a-t-il encore des passagers de première classe ?* » Silence sur le quai.

[*] *Boîtes de conserve de viande, une sorte de corned beef*

Il a demandé encore une fois : « *Il ne reste que des passagers sans cabine ?* » Alors tous ceux qui attendaient dans l'espoir qu'on les laisse monter ont joyeusement répondu : « *Oui !! Que des passagers sans cabine !* » À quoi il a rétorqué : « *Alors, on monte la passerelle !* »

Ils ont vite commencé à la remonter et là, c'était la panique sur le quai ! Les gens étaient furieux, car on leur avait menti. Pourtant ils avaient payé leur billet ! Plus tard, l'équipage a expliqué qu'avec eux, il y aurait eu de la surcharge, que le bateau était complet.

Si nous ne nous étions pas débrouillés pour monter, nous serions restés à quai. Nous n'avions plus un kopeck, plus rien de ce que nous avions gagné dans la taïga. Tout ce qui restait, nous l'avions dépensé pour les billets et la touchonka. Et qu'aurions-nous fait sans argent ? Aucune idée…

Ensuite, nous nous sommes installés dans un canot de sauvetage, juste au-dessus de l'eau. Nous voyagions comme dans un hamac. J'ai passé deux nuits à regarder les étoiles, sans pouvoir m'arrêter. Le bateau avance et les étoiles, elles, semblent figées, vous voyez ? Les marins sont peut-être habitués, mais pour moi, c'était une curieuse découverte.

Le soir, nous observions les passagers qui avaient des cabines. Je ne sais pas pourquoi, mais ça me rendait un peu triste de voir à quel point ils menaient la belle vie. Nous, nous n'avions que notre canot, les étoiles et de la viande en boîte.

Quant à notre ami l'économe, il n'avait même pas de viande en boîte. Il n'en pouvait plus et il est parti au restaurant. Là-bas, il n'en a pas cru ses yeux, les prix étaient si exorbitants qu'il est vite revenu et nous a dit avec un air nonchalant que finalement il s'enfilerait bien un peu de notre touchonka. Mais l'autre camarade, une personne de principes, lui dit : « *Non, tu sais, nous devons prendre soin de ton estomac fragile, c'est un aliment un peu dur pour toi.* » Alors nous l'avons fait jeûner une journée de plus. C'était un peu cruel, c'est sûr, mais c'était juste.

— « *Je n'expirais pas, je râlais* » —

Lorsque j'ai commencé à aller à l'université, je me concentrais surtout sur mes études, et le sport est passé au second plan. Certes, je continuais à m'entraîner régulièrement, je participais toujours aux compétitions nationales, mais plus par habitude que par passion. En 1976, j'ai été champion de la ville. Dans notre section, il n'y avait pas que des amateurs comme moi, il y avait aussi des professionnels, des champions d'Europe, du monde, des Jeux olympiques de sambo et de judo.

Je suis devenu maître de sambo à mon arrivée à l'université et, deux ans plus tard, j'étais ceinture noire de judo. Je ne sais pas comment ça se passe maintenant, mais à mon époque, il fallait en une année obtenir un certain nombre de victoires face à des adversaires d'un certain niveau et en plus, il fallait remporter quelques compétitions sérieuses. Il fallait, disons, arriver dans les trois premiers aux compétitions de la ville ou prendre la première place aux compétitions nationales organisées par «Troud».

Je me souviendrai toujours de certains combats. À la fin de l'un d'entre eux, je n'arrivais plus à respirer. J'étais tombé sur un gars costaud, j'y ai mis toutes mes forces, à tel point que ce n'est plus de la respiration qui sortait de ma poitrine, mais une sorte de râle. J'ai remporté le combat avec un léger avantage.

Et puis, il y a eu cet autre combat dont je me souviendrai toute ma vie, même si je l'ai perdu. C'était contre le champion du monde Volodia Kullenine. Il est mort par la suite. Il a commencé à boire et il a été tué quelque part dans la rue. Pourtant, c'était un grand athlète, un type brillant et très talentueux. À l'époque, il ne buvait pas encore. Nous étions face à face pour le championnat de la ville. Lui était déjà champion du monde. Dès les premières minutes, je l'ai retourné et plaqué au sol, d'une façon très belle, très fluide.

En principe, le match aurait dû s'arrêter là, mais vu que Kullenine était un champion du monde, ça ne se faisait pas de stopper le combat aussi vite. Donc, on m'a attribué des points, et nous avons continué. Bien sûr, il était plus fort que moi, mais j'ai bataillé dur. Au sambo, lorsqu'une prise douloureuse est effectuée, le combat est arrêté immédiatement si l'on entend un cri. C'est un signe de défaite. Lorsqu'il m'a tordu le coude dans l'autre sens, nous avons été séparés. L'arbitre avait cru m'entendre gémir. Au final, il a gagné. Mais malgré ça, je me souviens encore de cette prise. Et puis, je

n'avais pas honte de perdre contre un champion du monde.
  Il y a eu un autre combat dont je me souviendrai aussi toute ma vie, quoique je n'y aie pas pris part. J'avais un ami à l'université. C'est moi qui insistais pour qu'il vienne à la salle de sport. Il a commencé à faire du judo et il se débrouillait bien. Il y a eu des compétitions. Un jour, en combattant, il s'est lancé en avant et il est tombé la tête sur le tapis. Ses vertèbres se sont déplacées et il s'est retrouvé paralysé. Il est mort à l'hôpital dans les dix jours qui ont suivi. C'était un type bien, je regrette encore de lui avoir fait aimer le judo.
  Les blessures n'étaient pas chose rare. Les gars se cassaient des bras, des jambes. Les entraîneurs nous torturaient lors de ces combats. Et les entraînements n'étaient pas faciles non plus.
  Nous allions souvent à la base sportive du lac Khippiarvi, en banlieue de Leningrad. C'est un lac assez grand, d'un diamètre de 17 km. En se levant le matin, nous commencions par faire le tour du lac en courant. Après la course, des exercices d'échauffement, puis l'entraînement. Ensuite, petit-déjeuner, puis encore entraînement, puis déjeuner, avant un peu de repos et encore de l'entraînement.
  Nous voyagions beaucoup dans tout le pays. Un jour, nous nous sommes rendus en Moldavie pour une compétition, en prévision de la Spartakiade[*] des peuples d'URSS. Il faisait une de ces chaleurs ! Nous rentrions de l'entraînement avec mon ami Vassia et dans la rue des gens vendaient du vin partout. Il m'a dit : « *Viens, on se boit une petite bouteille !* » Je lui ai répondu : « *Il fait trop chaud.* » « *Ça va nous détendre, on se reposera un peu* », m'a-t-il dit. « *Bon d'accord, allons-y.* »
  Nous avons pris une bouteille chacun. Nous sommes rentrés dans notre chambre d'hôtel. Après le déjeuner, nous nous sommes posés sur nos lits. Il a ouvert sa bouteille. « *Allez, vas-y toi aussi.* » Moi, je lui ai dit : « *Il fait trop chaud, je n'en veux pas.* » « *Bon, comme tu veux.* » Et hop, il a vidé sa bouteille. Il m'a jeté un coup d'œil en me disant : « *Tu es sûr que tu n'en veux pas ?* » J'ai dit que j'étais sûr. Alors il a pris la deuxième, et hop, celle-là aussi il l'a descendue. Il l'a posée sur la table, et bam, il s'est mis à ronfler en un instant. J'ai tellement regretté d'avoir refusé de boire avec lui ! Je me tournais, me retournais dans mon lit jusqu'à ce que je n'en puisse plus. Je

---

[*] *Événement sportif international que l'Union soviétique a créé en opposition aux Jeux olympiques*

l'ai secoué et je lui ai dit : « *Hé toi, le goret, arrête ça tout de suite ! Tu ronfles comme un éléphant !* » Nous prenions du bon temps comme nous pouvions. Mais c'était plutôt une exception. Boire et faire la fête, ça rendait les entraînements sacrément plus difficiles !

Il y avait un garçon très costaud qui s'entraînait avec moi, il s'appelait Kolia*. Non seulement il était immense, mais en plus, il avait un visage très expressif : une mâchoire inférieure massive et avancée, le regard par en-dessous. En somme, un visage bien sympa. Un soir, des voyous ont commencé à l'embêter dans une ruelle sombre. Et lui, il leur dit : « *Chut… Silence, les mecs. Attendez une petite seconde.* » Il a sorti des allumettes, il en a allumé une et l'a rapprochée de son visage : « *Regardez-moi.* » L'incident a immédiatement été clos.

— « *Faible sens du danger* » —

SERGUEÏ PAVLOVITCH ROLDOUGUINE
VIOLONCELLISTE, SOLISTE DE L'ORCHESTRE SYMPHONIQUE DU THÉÂTRE MARIINSKY DE SAINT-PÉTERSBOURG, AMI DE LA FAMILLE POUTINE, PARRAIN DE LEUR FILLE AÎNÉE, MACHA.

Volodia était dans la même école que mon frère. Moi, j'habitais dans une autre ville et quand je me suis retrouvé à Leningrad, mon frère m'a parlé de Vovka. Il est venu chez nous et nous avons fait connaissance. Il me semble que c'était en 1977. On s'est rencontrés et on ne s'est plus quittés. Il est comme un frère pour moi. Avant, quand je n'avais nulle part où aller, j'allais chez lui, j'y mangeais et j'y dormais.

Et donc, on s'est rencontrés. Puis, j'ai été appelé à l'armée, j'ai fait mon service à Leningrad. Il est venu me voir un jour au volant de son Zaporojets**. J'ai escaladé l'enceinte de ma base et je me suis accordé une petite permission. Nous sommes partis rouler en voiture toute la nuit. Son pot d'échappement était à plat, nous faisions cette virée en chantant. Je me souviens encore de la chanson :

* *Diminutif de Nikolaï*
** *Voiture soviétique*

« *Cette soirée aura été unique.*
Le matin, le train d'un tel est parti,
et l'avion d'un autre partira un peu plus tard... »
On chantait avec tant de passion ! Et si fort. Obligés, puisque le pot d'échappement était cassé.

Un jour, à la cantine, ma mère a reçu un billet de loterie au lieu de la monnaie qui lui était due. Et elle a gagné un Zaporojets. Je crois que j'étais en 3e année d'université à ce moment-là. Nous avons longtemps réfléchi pour savoir quoi faire de cette voiture. Nous vivions très modestement. Mon premier manteau, je ne l'ai acheté qu'après une seconde mission sur un chantier, un an après les vacances qu'on avait passées avec les copains à Gagra. C'était mon premier manteau décent. Nous n'avions pas beaucoup d'argent dans la famille et, dans ces conditions, décider de me donner cette voiture, c'était absolument insensé. Mes parents auraient pu la vendre et récupérer de l'argent - trois mille cinq cent roubles, au moins. Ça aurait sérieusement relevé le niveau de vie du foyer, mais les parents ont voulu me gâter un peu. Ils ont donné le Zaporojets à leur fiston, et lui, il en a bien profité. Je me déplaçais tout le temps avec, même pour me rendre à mes entraînements. Je conduisais très vite. Et en même temps, j'avais tout le temps peur d'abîmer la voiture. Comment la réparer s'il lui arrivait quelque chose ?

Un jour, vous avez quand même eu un accident, vous avez renversé un homme.
Ce n'était pas de ma faute, ça a été prouvé. Il a dû se jeter sous mes roues, tout seul. Il voulait en finir avec la vie. Je ne sais pas ce qui lui est passé par la tête, à cet abruti. Il s'est enfui immédiatement.

On raconte que vous avez essayé de le rattraper.
Comment ça ? Vous croyez qu'après l'avoir renversé avec ma voiture, j'allais en plus me mettre à le pourchasser ? Je ne suis pas une bête à ce point. Non, je suis juste sorti de mon véhicule.

Vous devenez calme dans des situations critiques ?
Oui, je deviens calme. Un peu trop même. Plus tard, quand j'étudiais à l'école du renseignement, après une évaluation, il a été inscrit dans ma fiche que j'avais un « faible sens du danger ». C'est un trait négatif, un défaut qui était pris très au sérieux. Il faut être un peu plus alerte dans ce genre de situations pour réagir de façon adéquate. Et en réalité, c'est très important. La peur, c'est comme la douleur. Si on ressent une douleur dans le corps, c'est que quelque chose ne va pas dans l'organisme. J'ai dû beaucoup travailler sur moi depuis.

Il semblerait que vous ne soyez pas parieur...
Non, je ne suis pas parieur. Vers la fin de mes études, nous sommes allés à des compétitions organisées par des militaires. Il y avait deux de mes amis, dont un qui était avec moi à Gagra. Nous avons passé deux mois à ces compétitions. C'était un peu plus simple que chez les sportifs et ça a vite commencé à nous ennuyer. Là-bas, le divertissement le plus répandu, c'étaient les cartes. Jouer aux cartes, puis aller au village chercher du lait chez une babouchka du coin. Celui qui gagnait achetait le lait. J'ai refusé de jouer immédiatement, eux non. Et ils ont vite tout perdu. Quand ils n'avaient vraiment plus un sou, ils sont venus me voir et m'ont dit : *« Donne-nous de l'argent. »* Ces gars-là aimaient les jeux de hasard. Moi, je me suis demandé : dois-je leur en donner, ou pas ? Ils vont sûrement encore perdre. Mais ils ont insisté : *« Allez, de toute façon, t'en feras rien de tes kopecks, donne-les nous. »* Et comme je vous le disais, j'ai un faible sens du danger. Alors, je leur ai donné l'argent. Et avec, ils se sont fait un sacré pactole ! D'abord, ils ont gagné une grosse somme, ensuite ils n'arrivaient même plus à perdre. Tous les soirs, nous allions chez la petite vieille pour lui acheter du lait.

— *« Je lui ai dit la vérité »* —

L'université, c'est le temps des amours, vous avez eu des histoires ?
Qui n'en a pas eu ? Mais dans mon cas, rien de sérieux. Excepté une histoire.

Votre premier amour ?
Oui. Nous voulions même nous unir par les liens officiels du mariage.

Et quand est-ce que ça s'est passé ?
À peu près quatre ans avant mon mariage avec Loudmila.

La première fois, ça n'a pas marché donc...
Non.

Et qu'est-ce qui a posé problème ?
Quelque chose. Des intrigues... bien sûr.

Et elle en a épousé un autre ?
Un autre ? Oui, mais plus tard.

Qui a décidé d'annuler ce mariage ?
Moi. C'est moi qui ai pris cette décision. Nous avions déjà rempli les papiers, tout était prêt. Les parents des deux côtés avaient déjà tout acheté, les alliances, le costume, la robe... Ça a été une des décisions les plus difficiles de ma vie. C'était très dur. Je suis passé pour le dernier des salauds. Mais j'ai décidé qu'il valait mieux souffrir à ce moment-là et pas plus tard. Je l'ai fait pour elle et pour moi.

Vous voulez dire que vous l'avez plantée devant l'autel ?
Oui, presque... Sauf que je ne l'ai pas quittée à la cérémonie. Je lui ai dit toute la vérité, tout ce que je considérais comme utile à dire.

Vous ne voulez pas en parler ?
Non... C'est une histoire compliquée. C'est comme ça. Ça a été vraiment dur.

Et vous ne regrettez pas ?
Non.

SERGUEÏ ROLDOUGUINE

Elle me plaisait bien cette fille, elle était sympathique. Médecin, avec une grande force de caractère. Elle était comme une amie pour lui, une personne qui pouvait prendre soin de lui. Mais l'aimait-elle vraiment ? Liouda, sa femme, par exemple, ou Lioudik, comme on l'appelle, elle, elle l'aime pour de vrai. J'étais en d'excellents termes avec cette jeune femme. D'ailleurs, elle s'appelait aussi Liouda, je crois. Elle se souciait de sa santé. Ce n'était pas juste : *« Oh, mon chéri, comment te sens-tu ? »* Elle disait plutôt : *« Hmm, je crois que tu as mal à l'estomac… »* Je ne sais pas ce qui s'est passé entre eux. Il ne m'a rien dit là-dessus. Il a juste dit que c'était fini. Ils ont pris seuls la décision de se séparer, car leurs parents, eux, avaient donné leur accord.
Il en a souffert, bien sûr. Le fait est que tous les deux, nous sommes balance (signe astro), et ces choses-là nous touchent au plus profond du cœur. À l'époque, je voyais qu'il … qu'on le… qu'il était très sentimental, mais que ses sentiments, il ne savait absolument pas les exprimer. Je lui disais par exemple : *« Vovka, ta façon de parler est horrible ! Comment peux-tu parler comme ça ? »* Bien sûr, aujourd'hui, c'est Cicéron, si on compare à la façon dont il parlait à l'époque. Je lui expliquais : *« Tu parles beaucoup trop vite, tu ne devrais pas parler si vite. »* Étant artiste, je voulais l'aider là-dessus. Ses émotions étaient profondes, mais il n'arrivait pas à les exprimer. À mon avis, c'est son travail dans les services qui a dû influencer son langage. Alors qu'aujourd'hui, il s'exprime remarquablement bien, son parler est brillant. Avec émotion, concision et clarté. Je me demande où il a appris ça.

— *« S'ils ne veulent pas dire où, alors c'est là-bas »* —

Pendant toutes ces années à l'université, j'attendais que cet homme que j'étais passé voir au KGB quand j'étais encore écolier se souvienne de moi. Bien sûr, il m'avait oublié… Pouvait-il se douter que je resterais si motivé ? Quant à moi, j'avais retenu que le KGB n'engageait pas de volontaires, du coup je ne me manifestais pas. Quatre années sont passées. Et rien, pas de nouvelles. J'ai décidé de tourner la page et j'ai commencé à réfléchir au métier que je voulais faire. Deux voies m'intéressaient – travailler au ministère public, au bureau du procureur spécial (ça existe encore aujourd'hui pour les sites sensibles et bases militaires) ou devenir avocat. Des postes prestigieux.

Mais alors que j'étais en 4ᵉ année d'études, un homme m'a contacté. Il m'a proposé une rencontre. À vrai dire, l'homme ne m'a pas dit qui il était, mais j'ai compris tout de suite. Parce qu'il m'a dit : *« Il s'agit de votre affectation future et je souhaite en parler avec vous. Je ne veux pas vous donner plus de précisions pour le moment. »*

C'est là que j'ai compris. S'il ne veut pas me dire *où* je travaillerai, alors il s'agit de *là-bas*.

Nous avons convenu d'un rendez-vous à la fac, dans le hall d'entrée. Je suis arrivé, je l'ai attendu une vingtaine de minutes. Je commençais à m'énerver et à me dire : « *Quel porc, celui-là ! Ou peut-être quelqu'un a-t-il voulu me faire une farce ?* » Et alors que je m'apprêtais déjà à partir, je l'ai vu courir vers moi, tout essoufflé. *« Excuse-moi »*, m'a-t-il dit. Ça m'a plu. *« Nous avons encore beaucoup de temps devant nous, Volodia, mais que dirais-tu, en principe, si on te proposait de travailler pour les services ? »* Je ne lui ai alors pas dit que j'en rêvais depuis l'école. Je ne l'ai pas fait juste parce que je continuais à avoir en tête ce que m'avait dit l'homme au bureau d'accueil du KGB : *« On ne prend pas de volontaires. »*

Et quand vous avez accepté de rejoindre les services, vous n'avez pas du tout pensé à 1937 ?[*]

Je vais vous dire franchement, je n'y pensais pas du tout. Absolument pas. Il n'y a pas longtemps, j'ai eu une réunion avec d'anciens agents de la direction du KGB avec qui j'avais fait mes débuts à l'époque. Nous avons parlé de ça. Et je peux vous répéter ce que je leur ai dit. Lorsque j'ai accepté la proposition de l'agent de la direction du service des cadres (il s'est avéré ensuite qu'il n'était pas du service des cadres, mais du service de recrutement dans les facultés), je ne pensais pas aux répressions. L'idée que je me faisais du KGB était plutôt basée sur les récits romantiques du travail des

---

[*] *1937 est une année symbole – la pire année des purges staliniennes.*

agents secrets. On pouvait me considérer, sans exagération, comme un produit réussi de l'éducation patriotique de l'homme soviétique.

Vous voulez dire que vous ne saviez rien des répressions ?
Pas tant que ça, finalement. Oui, je savais bien sûr qu'il y avait eu sous Staline un culte de la personnalité, je savais que des personnes en avaient souffert. Puis, qu'il y a eu une période de rejet du culte de personnalité… Moi, je n'étais qu'un gamin à l'époque ! Quand je suis entré à l'université, j'avais 18 ans. Quand j'ai fini mes études, j'en avais 23 !

Mais ceux qui voulaient vraiment savoir, eux, savaient tout…
Mais nous vivions dans les conditions d'un régime totalitaire. Tout était fermé. À quel point ce culte de la personnalité était-il sérieux ? Ni moi ni aucun de mes camarades ne pouvions nous en rendre compte. Moi, je suis allé travailler pour les services avec une vision romantique.

Après cette fameuse conversation dans le hall, ils ne m'ont pas donné de nouvelles. L'homme avait disparu. La « commission de l'emploi » allait bientôt se réunir… Et c'est là que j'ai reçu un nouveau coup de fil. On m'invitait à me rendre au département des cadres de l'université. J'ai parlé avec un certain Dmitri Gantserov, j'ai retenu ce nom de famille. C'est avec lui que j'ai eu mon premier entretien la veille de cette commission dont le rôle était de nous attribuer un poste.

Le lendemain, à la commission, on a évité l'incident de peu. Lorsqu'ils ont prononcé mon nom de famille, le représentant du département de la justice a dit : « *Oui, nous le prenons chez nous.* » L'agent chargé de superviser le déroulement des attributions, qui somnolait jusqu'alors dans un coin, s'est subitement réveillé. « *Non, non, ça, c'est une affaire réglée. Nous prenons Poutine pour travailler dans les services du KGB.* » Il l'a annoncé comme ça, devant tout le monde. Quelques jours plus tard, j'avais rempli tous les papiers, les formulaires nécessaires pour commencer.

On vous a dit que vous alliez travailler dans l'espionnage ?
Bien sûr que non, c'est ça leur méthode, ils avaient une bonne approche. Ils disaient à peu près ceci : «*Nous vous proposons de travailler dans la zone où nous allons vous envoyer. Vous êtes partant ?*» Certains répondaient : «*Il faut que j'y réfléchisse.*» Et ça, c'était rédhibitoire, «*au suivant*», disaient-ils. Ceux-là n'avaient plus aucune chance. Bien sûr, tu peux chipoter, dire «*je veux aller là, je ne veux pas aller là-bas*», mais les services ne peuvent pas faire travailler des gens comme ça.

Et vous, évidemment, vous avez dit que vous seriez prêt à aller n'importe où ?
Bien entendu. Mais ils ne savaient pas encore eux-mêmes où j'allais bien pouvoir travailler. Ils ne faisaient que recruter le plus de monde. C'est en fait une simple routine – un recrutement de cadres et le choix de leur affectation. Et moi, on m'a justement fait une proposition très banale.

SERGUEÏ ROLDOUGUINE

Vovka m'a tout de suite dit qu'il travaillait pour le KGB. Pratiquement tout de suite. Peut-être qu'il n'était pas censé le faire. Il disait à certains qu'il travaillait dans la police. J'avais tendance à être prudent avec ces gens-là, car j'ai pu avoir affaire à eux. J'allais souvent à l'étranger pour le travail et je savais que chaque groupe de musiciens était accompagné de soi-disant inspecteurs ou représentants du ministère de la Culture, et qu'avec eux, il valait mieux garder sa langue dans sa poche. Un jour, je dis à un de mes collègues : «*Arrête, ce sont des gens normaux, des types sympas.*» Et lui me répond : «*Plus tu discutes avec eux, plus ton dossier rue Liteyniy 4* grossit.*»
Je n'ai jamais posé de questions à Volodia sur son travail. Bien sûr que ça m'intéressait de savoir comment c'était là-bas. Mais je me souviens très bien qu'un jour, j'ai essayé de le coincer et de lui soutirer des informations sur telle ou telle opération spéciale, mais

---

* *Siège du KGB à Leningrad ; aujourd'hui siège du FSB*

il n'a rien lâché. Puis je lui ai demandé : « *Moi, je suis violoncelliste, je joue du violoncelle. Je ne pourrais jamais devenir chirurgien. Mais je suis un bon violoncelliste. Et toi, c'est quoi ta profession ? Je sais que tu es un espion, mais je ne sais pas ce que ça signifie. Tu es qui ? Que peux-tu ?* »
Et il m'a répondu : « *Je suis un spécialiste des relations humaines.* » Notre conversation s'est finie là-dessus. Il pensait vraiment qu'il pouvait analyser, comprendre les gens comme un professionnel. Et quand je me suis séparé de ma première femme Irina, il m'a dit : « *J'avais prévu que ça se passerait précisément comme ça.* » Je n'étais pas d'accord avec lui, je ne considérais pas qu'entre Irina et moi tout avait été aussi clair depuis le début. Mais ses mots m'avaient beaucoup marqué. J'étais fier et très attaché à ce « spécialiste des relations humaines ».

CHAPITRE 4.
LE JEUNE SPÉCIALISTE

« Les ordres reçus sont la plus importante des lois »

On m'a d'abord assigné au secrétariat de la direction, puis à la division du contre-espionnage, et j'y ai travaillé près de 5 mois.

Et c'était comme ce que vous aviez imaginé ? Ce que vous aviez tant attendu ?

Bien sûr que non. J'arrivais tout juste après mes études à l'université. J'avais une certaine formation, mais là, je me retrouvais au milieu de petits vieux, qui travaillaient là depuis des temps immémoriaux. Certains d'entre eux ne devaient pas tarder à prendre leur retraite. Je me rappelle qu'un jour, ils préparaient un événement. Un groupe entier s'était réuni. Ils m'ont appelé moi aussi. Je ne me souviens plus exactement des détails, mais l'un d'entre eux m'a dit : *« Faisons comme ci et comme ça. Vous êtes d'accord ? »* J'ai répondu :

« *Non, ce n'est pas correct. – Eh bien, que se passe-t-il ? Pourquoi ce n'est pas correct ? – Parce que c'est contre la loi* », ai-je dit. Il s'est étonné : « *Quelle loi ?* » J'ai cité la loi en question. Puis il a répondu : « *Mais nous avons reçu des instructions.* » Une fois de plus, j'ai cité la loi. Les hommes dans la salle semblaient ne rien comprendre à ce que je racontais et ils ont recommencé avec leurs instructions. Je leur ai dit : « *Mais ce sont les ordres que vous avez reçus, pas la loi.* »

Mon interlocuteur, très étonné, m'a alors dit franchement : « *Pour nous, l'ordre reçu, c'est la plus importante des lois.* » Ce papi l'a d'ailleurs dit sans aucune ironie. C'est comme ça qu'ils avaient été formés, c'est comme ça qu'ils travaillaient. Moi, je ne pouvais pas agir de la sorte. Et pas que moi d'ailleurs, pratiquement tous ceux de ma génération. Pendant plusieurs mois, j'y suis resté pour la forme, j'ai relié quelques dossiers. Et six mois plus tard, on m'a envoyé suivre une formation d'agent de terrain. Ça se passait dans une école à Moscou, un établissement qui n'avait rien d'exceptionnel. Ils considéraient que j'avais les bases théoriques suffisantes, mais qu'il me fallait une préparation pour le terrain. J'y ai étudié, puis je suis revenu à Piter où j'ai travaillé encore près de six mois dans la division du contre-espionnage.

C'était à quelle époque ?

Quelle époque ? C'était la fin des années 70. Aujourd'hui, on dit : « *C'est le temps où Leonid Ilitch*[*] *est allé dans la direction "du serrage de vis".* » Mais nous, nous ne le remarquions pas vraiment.

Mais ça avait changé quelque chose pour les services dans la façon de travailler ?

Vous savez, en réalité, beaucoup de choses que les forces de l'ordre se sont permises au début des années 90 auraient été absolument impossibles à l'époque. Il fallait agir discrètement, éviter à tout prix les oreilles qui traînaient… À titre d'exemple, je vais vous raconter une seule histoire. Supposons qu'un groupe de dissidents prépare une manifestation à Leningrad. Et supposons qu'ils la planifient pour le jour de l'anniversaire de Pierre le Grand.

* *Brejnev*

Allons-y, essayons d'imaginer...
Les dissidents de Piter avaient pour habitude d'organiser des événements à ces dates-là. Ils aimaient aussi le jubilé des Décembristes*.

Normal pour des dissidents...
Effectivement. Ils prévoyaient donc une action de protestation, ils invitaient tout le corps diplomatique et la presse, pour attirer l'attention de la communauté internationale. Et nous, que pouvions-nous faire ? Disperser la manifestation – impossible, ce n'étaient pas les ordres. Alors, nous organisions nous-mêmes un dépôt des gerbes, précisément à l'endroit où les journalistes étaient attendus. Nous invitions les comités des régions, les syndicats, nous faisions boucler tout le périmètre par la police, et nous arrivions en musique pour déposer les fleurs. Les journalistes et les diplomates restaient un temps, regardaient, baillaient et finissaient par s'en aller. Et une fois qu'ils étaient partis, la police levait le cordon de sécurité. Peut venir qui veut, mais ça n'intéresse déjà plus personne !

Vous aussi, vous avez pris part à cette opération ?
Mon groupe n'était pas spécialement impliqué dans ce genre d'événements.

Alors comment avez-vous pris connaissance de tous ces détails ?
On n'en faisait pas un si grand secret. On se retrouvait à la cantine, on en parlait entre nous. Et pourquoi je vous raconte tout ça ? Pour dire que la façon dont ces agents agissaient n'était évidemment pas juste, c'était une manifestation du totalitarisme de notre régime. Mais ils faisaient ça le plus discrètement possible et de manière décente. Nous n'avions pas que des méthodes grossières.

---

* *Groupe d'hommes, essentiellement aristocrates et hauts gradés de l'armée impériale, qui ont organisé une tentative de coup d'État militaire à Saint-Pétersbourg en décembre 1825 afin d'obtenir du futur empereur Nicolas Ier une constitution. L'insurrection fut durement réprimée par le nouvel empereur.*

Et l'affaire Sakharov*, ce n'était pas des méthodes grossières ?
L'affaire Sakharov a été grossière.

— *« Et là, des gens entrent en scène avec leurs violons... »* —

SERGUEÏ ROLDOUGUINE

Vovka et moi allions de temps en temps écouter l'orchestre philharmonique après le travail. Il me demandait quelle était la façon la plus juste d'écouter de la musique symphonique. J'essayais de lui expliquer. Et d'ailleurs, si vous lui demandez maintenant de vous parler de la 5e Symphonie de Chostakovitch, il vous racontera en détail de quoi ça parle, car il aimait beaucoup que je lui explique pendant qu'il écoutait. Et si, plus tard, Macha et Katia se sont mises à étudier la musique, c'est aussi un peu de ma faute.

Je suis intimement persuadé que nos spécialistes, qui mènent avec le public des discussions prétentieuses sur la musique, ont tort sur toute la ligne. La propagande de la musique classique est menée sans talent. Moi, je racontais à Vovka ce que doit voir et entendre tout homme ordinaire. S'il demandait honnêtement : *« Des gens entrent en scène avec leur violons, puis le chef d'orchestre... Mais pour quoi faire ? »* Je lui expliquais avec la même franchise : *« Écoute, la musique commence. La vie est encore paisible, les hommes bâtissent le communisme. Tu entends cet accord : ta-ti, pa-pa. Et maintenant, au loin le thème fasciste apparaît. Regarde-le, le voilà qui arrive, avec ces cuivres qui se mettent à jouer. Ce thème va s'amplifier. Et là, on entend encore le thème qu'il y avait au début, celui de la vie paisible. Les deux vont s'affronter, d'abord ici et là, puis encore là et là. »* Il adorait mes explications.

---

* *Andrei Sakharov : Physicien nucléaire, dissident, militant des droits de l'homme. Constamment surveillé par le KGB dès le milieu des années 1970. Virulent critique de l'intervention soviétique en Afghanistan, ses privilèges et ses fonctions lui sont retirés. En 1980, il est déchu de ses distinctions honorifiques obtenues en tant que père de la bombe H soviétique et arrêté à Moscou en pleine rue le 22 janvier. Sans procès, il est assigné à résidence dans la ville fermée de Gorki, près de Nijni Novgorod, placé sous étroite surveillance. C'est Mikhaïl Gorbatchev, alors président de l'URSS, qui le libère de son exil en 1986. Sakharov est dans la foulée élu député à la Douma soviétique, d'où il continuera de critiquer les violations de droits de l'homme jusqu'à sa mort en 1989.*

Il a une grande force de caractère. J'étais meilleur que lui en football par exemple, mais avec lui, je faisais exprès de perdre, car il était très tenace, un vrai bulldog. Il m'exaspérait littéralement. Je récupère la balle trois fois, et lui, il me l'arrache trois fois. Il était très entêté et persévérant, un trait de caractère qui se révèle dans tout, absolument. N'oubliez pas qu'il a tout de même été champion de judo à Leningrad en 1976.

Un jour, juste avant son départ pour l'Allemagne, nous sommes allés chez son ami Vassia Chestakov dans un camp sportif. Vassia y entraînait des jeunes gens. Nous sommes arrivés dans la nuit. Vassia nous a dit : « *Il y a des lits là-bas, vous trouverez bien un coin où dormir.* » Nous avons trouvé. Et le matin, les adolescents du camp se sont dit en se réveillant : « *Regardez ces deux types-là, on peut les allonger en une prise vite fait bien fait.* » Je me suis dit... bien. Puis, ces jeunes sont partis s'entraîner sur les tapis. Ils faisaient du judo eux aussi. Et Vassia dit à Volodia : « *Tu veux lutter un peu ?* » Il a répondu : « *Mais non, voyons... – Mais si, montre-leur ! – Mais non, je n'ai pas été sur un tapis depuis quelques années déjà.* » Je m'y suis mis moi aussi : « *Allez, vas-y ! Ces gars voulaient nous prendre par surprise ce matin...* » Vassia en a remis une couche... et ça a marché. « *Ok*, a-t-il dit, *vous m'avez convaincu.* » Il avait besoin d'un kimono, il s'est approché d'un gamin : « *Tu me prêterais ta veste pour le combat ?* » L'autre lui a répondu nonchalamment : « *Va demander à quelqu'un d'autre.* » Il a pris un kimono à quelqu'un d'autre et il est entré sur le tapis. Et le gamin mal élevé était face à lui pour le combat. Vovka l'a retourné si vite et si brutalement qu'on lui a attribué la victoire de suite. Et Vassia, enjoué, a annoncé dans le haut-parleur : « *La victoire a été remportée par le grand sportif, champion de Leningrad de 1976, Vladimir Poutine !* » Volodia a enlevé le kimono, l'a rendu et il s'en est allé calmement en baissant même un peu la tête. J'ai dit alors à ce gamin : « *Et encore, tu as de la chance de ne pas m'avoir combattu.* »

Un jour à Pâques, Volodia m'a invité à la procession de la Croix. Il était dans le cordon de sécurité et veillait à l'ordre public. Il m'a demandé : « *Tu veux t'approcher de l'autel pour voir ?* » J'ai accepté, bien sûr. C'était d'une telle gaminerie, personne n'avait le droit, et nous, si ! Nous avons observé la procession et nous nous apprêtions à rentrer chez nous. À l'arrêt du bus, des gens se sont approchés de nous. Pas des bandits, non, peut-être des étudiants un peu éméchés : *« Vous auriez pas du feu ? »* ont-ils demandé. Je n'ai rien dit, mais Vovka a répondu : *« On n'en a pas. – Et pourquoi tu réponds comme ça, toi ? »* Lui : *« Pour rien. »* Je n'ai pas eu le temps de comprendre ce qui s'est passé alors. Je suppose que l'un d'entre eux a dû le pousser ou lui donner un coup. J'ai juste vu passer comme un éclair devant mes yeux les chaussettes d'un des types, et très vite, le gars s'est envolé. Volodia m'a simplement dit : *« Partons d'ici ! »* Et nous sommes partis. J'ai adoré comme il s'est débarrassé de notre offenseur ! Hop, en un instant, le type avait les jambes en l'air.

Durant mes 6 mois de travail à la division du contre-espionnage, j'ai dû me faire remarquer par des collègues des services de renseignement extérieur. Ils voulaient me parler. Nous avons eu une discussion, puis une autre, puis encore une autre… Ces services de renseignement sont très actifs dans leur recrutement, ils cherchent constamment des gens, y compris parmi les cadres des services de sécurité. À l'époque, ils prenaient des jeunes, qui correspondaient à un certain nombre de critères précis.

Bien sûr que j'avais envie de travailler dans les renseignements. Les agents du renseignement étaient considérés comme les cols blancs des services de sécurité. Il y avait beaucoup de pistonnés, c'est sûr. C'est un fait, malheureusement. Nous savons tous ce que représentait à l'époque soviétique la possibilité de pouvoir se rendre à l'étranger. Évidemment, j'ai accepté, parce que c'était intéressant. Assez vite, je suis parti suivre une formation spéciale qui a duré un an. Ensuite, je suis retourné à Leningrad, j'y ai travaillé comme on disait à l'époque en « première section ». La Première direction principale, le département le plus important – les renseignements. Ce département avait des subdivisions dans plusieurs grandes villes d'URSS, y compris à Leningrad. J'y ai travaillé pendant quatre ans et demi, avant de revenir à Moscou pour étudier à l'Institut Andropov du Drapeau rouge du KGB. Aujourd'hui, c'est l'Académie du renseignement.

LE JEUNE SPÉCIALISTE

— *« Prenez exemple sur le camarade Platov ! »* —

MIKHAEL FROLOV
COLONEL RETRAITÉ, ENSEIGNANT À L'INSTITUT ANDROPOV
DU DRAPEAU ROUGE DU KGB

J'ai travaillé au Drapeau rouge durant 13 ans. Vladimir Poutine est arrivé chez moi de l'administration du KGB de Leningrad avec un grade de commandant. J'ai décidé de l'observer dans le rôle d'adjudant-chef de section. L'adjudant-chef à l'Institut ne remplit pas que des missions de service. Beaucoup de choses dépendent du doyen. Il faut faire preuve de capacités organisationnelles, d'un certain tact et d'initiative. Il m'a semblé que Poutine avait tout ça. Il étudiait de façon stable, sans dérailler. Il n'y avait eu avec lui aucun incident et il n'y avait pas de raisons de douter de son honnêteté et de sa franchise. Je me souviens qu'il venait me faire ses rapports en costume trois pièces, malgré une chaleur de 30 degrés dehors. Moi, j'étais en chemise à manches courtes. Il considérait qu'il était impératif de se présenter devant ses supérieurs dans cette tenue stricte. Je le citais même en exemple aux autres : *« Regardez bien le camarade Platov ! »*
À l'institut, on n'appelait personne par son vrai nom. C'est pour cela que Poutine n'était pas Poutine, mais Platov. En général, on gardait la première lettre du nom de famille. Moi-même, lorsque j'étudiais à l'école du renseignement, je me faisais appeler Filimonov.
Au Drapeau rouge, nous n'enseignions pas seulement les règles de l'espionnage et du contre-espionnage. La majeure partie de notre activité consistait à observer l'étudiant, à évaluer ses capacités professionnelles et ses qualités personnelles. Nous avions pour but de déterminer si, en fin de compte, l'étudiant était apte au travail dans le domaine de l'espionnage.
La formation chez nous est une sorte de mise à l'épreuve sur un polygone expérimental. Moi, par exemple, j'enseignais l'art de l'espionnage. Qu'est-ce que ça signifie ? C'est l'aptitude à entrer en contact avec les gens, la capacité de choisir des personnes utiles pour nous, l'art de poser les bonnes questions, celles qui intéressent notre pays et notre gouvernement, l'aptitude à être, si voulez, un bon psychologue. Nous devions donc évaluer nos étudiants de façon très

approfondie, pour être vraiment sûrs d'eux, comme nous l'étions de nous-mêmes. Et en fin de parcours, nous rédigions sur chaque étudiant des caractéristiques qui déterminaient son destin.

Nous invitions chaque enseignant, du professeur en contre-espionnage à celui d'activité physique et sportive, à exprimer sur papier son opinion sur les étudiants. Ensuite, le tout était transmis au directeur de la section qui faisait une synthèse entre ses propres observations et celles fournies par les enseignants. Puis il rédigeait une fiche de profil très détaillée.

C'était un travail infernal. Ça ne tenait pourtant que sur quatre pages dactylographiées. Mais tout y était analysé : les qualités personnelles et professionnelles. Nous nous enfermions pour une semaine ou deux pour écrire... Une fois la fiche d'analyse rédigée, nous procédions à la prise de décision quant à l'aptitude ou non d'un étudiant en fin de parcours à travailler dans les services de renseignement.

À titre d'exemple, je peux m'appuyer sur un cas regrettable auquel j'ai eu affaire durant mon activité. J'avais un étudiant brillant qui résolvait tous nos problèmes de stratégie en un claquement de doigts. On avait parfois l'impression qu'il connaissait les solutions à l'avance. La finesse de son esprit analytique lui permettait de trouver d'excellentes réponses. Mais en même temps, cette capacité à résoudre les problèmes n'était pas une priorité en soi. À la fin de ses études, j'ai inscrit dans sa fiche des observations qui empêchaient son entrée dans les renseignements. Ce sont ses traits de caractère personnels qui faisaient obstacle – carriérisme et manque de sincérité vis-à-vis de ses camarades.

Quand cet étudiant a lu sa fiche caractéristique, c'était comme s'il avait été frappé par la foudre. Elle avait beau être assez positive dans l'ensemble, elle lui fermait l'accès à une *rezidentura**.

J'ai travaillé moi-même dans des *rezidenturas*, c'est pour ça que je sais parfaitement ce qui se serait passé si un homme comme lui s'y était retrouvé. Il aurait semé la discorde, il aurait créé une atmosphère tendue et nocive, qui n'aurait pas permis de travailler correctement. Je me devais donc de le signaler dans sa fiche.

* *Antenne du KGB à l'étranger*

LE JEUNE SPÉCIALISTE

Vladimir Vladimirovitch, lui, en revanche, n'est pas un carriériste. Même si, à l'époque, j'avais énuméré quelques aspects négatifs de sa personnalité dans sa fiche. Il me semblait que c'était un homme un peu fermé, pas très communicatif. On peut d'ailleurs voir ça comme un aspect aussi bien positif que négatif. Mais je me souviens l'avoir mentionné dans les aspects négatifs, ainsi qu'un certain académisme dans ses façons de faire. Je ne veux pas dire par là qu'il était trop froid, non, il était ingénieux, il ne cherchait jamais ses mots.

L'affectation future de chaque étudiant était décidée par une très haute commission. Elle convoquait l'élève sortant pour un face-à-face et, une fois que sa fiche lui était lue, elle décidait vers quelle section du KGB il allait être orienté.

À la fin de son parcours, Vladimir Vladimirovitch a été rattaché à la filiale du KGB en RDA.

Quand j'étudiais au Drapeau rouge, il était clair dès le début qu'ils me préparaient pour l'Allemagne, car ils mettaient l'accent sur la langue allemande. Il restait juste à savoir où : RDA ou RFA. Pour aller en RFA, il fallait avoir travaillé au sein de l'appareil central. Un an et demi, deux ans, trois ans... ça dépendait des cas. C'était une option. Est-ce que je pouvais le faire ? En principe, oui. L'autre option, c'était d'aller tout de suite en RDA. Et j'ai décidé qu'il valait mieux partir de suite.

Vous étiez déjà marié à ce moment-là ?
Oui, je l'étais déjà.

— *« Un compagnon de vie risqué »* —

Un jour, quand je travaillais déjà à la première section de Piter, un ami m'a téléphoné et m'a dit qu'il m'invitait au théâtre voir Arcadi Raykine*. Il avait des billets et m'a dit que nous serions en compagnie de jeunes filles. Nous y sommes allés, et il y avait des filles, en effet. Le lendemain, nous sommes retournés au théâtre, cette fois-ci c'est

---
* *Célèbre acteur et humoriste soviétique, fondateur du théâtre Satyricon à Moscou*

moi qui ai trouvé des billets. Et nous avons fait pareil le troisième jour. J'ai commencé à fréquenter une de ces filles. Nous nous sommes liés d'amitié. Il s'agissait de Liouda, ma future épouse.

Pendant combien de temps êtes-vous sortis ensemble ?
Longtemps, trois ans je crois. J'avais déjà 29 ans. J'avais pris l'habitude de tout planifier. Et même les copains ont commencé à me dire : «*Allez, arrête tes bêtises, il est grand temps de te marier.*»

C'est qu'ils devaient être jaloux.
Bien sûr qu'ils étaient jaloux. Mais je comprenais moi-même que si je ne me mariais pas dans les deux-trois ans, je ne me marierais jamais. Je m'étais même habitué à ma vie de célibataire. Loudmila a tout changé.

LOUDMILA POUTINA
ÉPOUSE DE VLADIMIR POUTINE

Je suis de Kaliningrad. Je travaillais comme hôtesse de l'air sur des vols intérieurs. Il n'y avait pas de vols internationaux vers et depuis Kaliningrad. Kaliningrad était une ville fermée. Notre équipage comptait peu de monde, que des jeunes. Avec une copine, nous sommes allées à Leningrad pour trois jours. Elle aussi était hôtesse de l'air dans notre équipe. Elle m'a invitée au théâtre du Lensoviet pour le concert d'Arcadi Raykine. Elle y avait été invitée par un ami, mais elle était un peu intimidée à l'idée d'y aller seule, alors elle m'a proposé de venir aussi. Quand cet ami a appris que j'y allais également, il a invité Volodia.

Tous les trois – ma copine, son ami et moi –, nous nous sommes retrouvés sur le prospekt Nevski*, au guichet qui vend des billets pour le théâtre, juste en face du bâtiment de la Douma**. C'est une grande tour avec une horloge. Volodia nous attendait sur les marches à côté du guichet. Il était habillé de façon très modeste, je dirais même pauvrement. Il passait complètement inaperçu, si

---

* *Principal boulevard dans le centre de Saint-Pétersbourg*
** *Parlement*

je l'avais croisé dans la rue, je ne l'aurais pas remarqué.
Nous avons vu la première partie. Ensuite, nous sommes allés au buffet pendant l'entracte. J'étais d'humeur festive, j'essayais de faire rire tout le monde. Évidemment, je n'avais pas le niveau de Raykine, mais ça ne m'arrêtait pas.
À la fin du spectacle, nous nous sommes mis d'accord pour nous revoir le lendemain. Nous étions venues pour trois jours seulement et nous voulions voir un maximum de la vie culturelle de Saint-Pétersbourg, ça nous intéressait beaucoup. Nous avons compris que Volodia était le genre de personnes à pouvoir obtenir des billets pour n'importe quel théâtre. Nous nous sommes revus le lendemain, effectivement. Mais l'ami qui nous avait présentés n'était plus là.

SERGUEÏ ROLDOUGUINE

Je venais d'acheter ma première voiture, une Jigouli premier modèle. J'avais terminé alors le conservatoire et je m'étais retrouvé dans le collectif de Mravinski. J'allais souvent en tournée, au Japon et ailleurs… J'avais plus d'argent que Vovka. Je lui ramenais des souvenirs de l'étranger, des tee-shirts ou des babioles.

Un jour, nous nous sommes mis d'accord pour nous retrouver sur le Nevski. Il me dit : « *Il va y avoir deux filles qui vont venir te voir, elles vont te dire qu'elles viennent de ma part. Moi, je vous rejoindrai 15 minutes après, puis nous irons au théâtre.* »

Les filles sont venues pile à l'heure qu'il leur avait indiquée. L'une d'entre elles était Liouda. Elle était vraiment charmante. Nous nous sommes posés dans ma Jigouli et avons commencé à l'attendre. J'étais extrêmement mal à l'aise de me retrouver comme ça avec elles : devant ma voiture, des gens que je connaissais bien passaient et ils me reconnaissaient. Tout ça ne tombait pas très bien. Nous sommes restés comme ça une heure environ. Tout ce temps, j'épuisais ces demoiselles en leur faisant la conversation. C'est ce qui m'a semblé. Mais en fait, les choses étaient assez simples avec elles.

Volodia est enfin arrivé. Et d'ailleurs, il faut le dire, il était pratiquement toujours en retard. Nous sommes allés au théâtre. Je ne me souviens évidemment pas de ce que nous avons vu. Absolument pas. Je me rappelle juste des gens qui passaient devant ma voiture et me reconnaissaient.

LOUDMILA POUTINA
Le deuxième jour, nous sommes allés au music-hall de Leningrad, et le troisième, au théâtre du Lensoviet. Trois jours – trois spectacles. Le troisième jour, il fallait déjà faire nos adieux. C'était dans le métro. Son copain se tenait un peu à l'écart. Il savait que Volodia n'était pas du genre à donner aisément des informations sur lui, encore moins son numéro de téléphone. Et d'un coup, il a vu au dernier moment Volodia me donner son numéro de téléphone. Et cet ami, plus tard, quand je suis partie, lui a dit : « *Tu as perdu la tête ou quoi ?* » Ce n'était vraiment pas son genre.

Et ça, c'est votre mari qui vous l'a raconté ?
Bien entendu.

Et il vous a dit où il travaillait ?
Il m'a dit qu'il travaillait pour la police criminelle. Puis, après un certain temps, j'ai appris qu'il travaillait pour le KGB, dans les services de renseignement. À vrai dire, pour moi, à l'époque, c'était du pareil au même : le KGB, la police criminelle... C'est aujourd'hui que je connais la différence.

Je lui ai dit que je travaillais dans la police. Car les collègues des services de sécurité et surtout ceux des renseignements avaient tous des couvertures. Si l'information sur ton véritable travail était trop répandue, ça pouvait compromettre une mission à l'étranger. Pratiquement tous, nous avions des insignes de la police criminelle. J'en avais aussi. Alors c'est ce que je lui ai raconté. C'est normal, je ne pouvais pas savoir à l'avance où allait notre histoire.

LOUDMILA POUTINA

Dès cette première visite, je suis immédiatement tombée amoureuse de Leningrad, précisément parce que j'ai eu la chance d'y passer du temps de cette façon-là. Une ville séduit et semble agréable quand on y rencontre des personnes sympathiques.

Et vous n'êtes pas tombée amoureuse de ce jeune homme ordinaire, si modestement vêtu ?
C'est plus tard que l'amour est venu, un amour très fort. Mais pas tout de suite. Au début, je lui téléphonais, c'est tout.

Et vous, en bonne petite fille, vous ne lui avez pas laissé votre numéro ?
Je n'avais pas de téléphone à Kaliningrad. Au début, je lui téléphonais, puis j'ai commencé à prendre l'avion régulièrement pour aller à nos rendez-vous. Habituellement, les gens vont à leur rendez-vous en tramway, en bus, en taxi. Moi, j'y allais en avion. Notre équipage ne faisait pas de vols directs pour Leningrad. Alors on me donnait 3-4 jours de congé et je m'y rendais par d'autres vols. Il devait y avoir chez Volodia quelque chose de particulier qui m'attirait fortement. Trois ou quatre mois plus tard, j'avais déjà décidé qu'il était exactement l'homme qu'il me fallait.

Pourquoi ? Vous disiez vous-même qu'il était fade et terne…
Peut-être pour cette force intérieure qu'il avait et qui séduit tant aujourd'hui.

Vous aviez envie de vous marier ?
Juste me marier, non, mais l'épouser lui, oui.

Pourtant, vous ne vous êtes mariés que trois ans et demi plus tard. Qu'avez-vous fait pendant tout ce temps ?
Pendant trois ans et demi, je lui ai fait la cour !

Et comment a-t-il fini par se décider ?
Un soir, nous étions à la maison, chez lui, et il m'a dit : «*Mon amie, désormais, tu sais à quel genre de personne tu as affaire. Je ne suis pas un*

homme si commode que ça. » Puis il a commencé à se décrire : pas très bavard, un peu dur par moments, pouvant même être vexant, etc. En somme, un peu risqué comme compagnon de vie. Puis il a ajouté : « *Mais en trois ans et demi, tu as déjà dû te décider ?* »
J'ai eu l'impression qu'il était en train de me dire qu'il me quittait… « *Oui, je me suis décidée* », lui ai-je dit. Et lui a répondu en hésitant : « *Alors tu es d'accord ?* » Là, je me suis clairement dit, ça y est, nous sommes en train de nous séparer. Mais ensuite, il a ajouté : « *Si c'est comme ça, sache que je t'aime et je te propose qu'on se marie à telle date.* » Ça a été une sacrée surprise.
Je lui ai dit que j'étais d'accord et nous nous sommes mariés trois mois plus tard. Notre mariage a été célébré dans le restaurant Poplovok, une péniche sur les quais. Nous avions abordé cet événement de façon très sérieuse, on le voit même sur la photo de mariage, nous sommes extrêmement sérieux. Pour moi, le mariage n'était pas une chose à prendre à la légère, pour lui non plus. Eh oui, il existe des gens pour qui le mariage est une chose importante.

Et lui, en tant qu'homme fiable et responsable, il vous avait déjà trouvé un logement ?
Il n'y avait rien à trouver. Nous habitions chez ses parents, un appartement de 27 m² dans un « immeuble-bateau », comme on les appelait à l'époque. Vous savez, ceux qui ont des rebords de fenêtre si hauts. C'était très compliqué d'échanger un appartement comme ça pour un autre : dans une des chambres, il y avait un balcon. Dans la cuisine et dans l'autre chambre, les fenêtres étaient trop en hauteur, presque au plafond. Assis à table, on ne voyait pas la rue, il n'y avait que le mur sous les yeux. Ça aurait été à notre désavantage en cas d'échange*.
Les parents habitaient dans la chambre de 15 m², celle avec le balcon, et nous, dans celle qui n'en avait pas et qui faisait 12 m². L'appartement était dans le quartier d'Avtovo, dans un immeuble de construction récente. Le père de Volodia l'avait obtenu en tant que vétéran, handicapé de guerre.

---

* *À l'époque soviétique, les citoyens n'étaient jamais propriétaires de leurs appartements. Les logements étaient attribués par l'État. Leur surface dépendait des besoins d'une famille. Si quelqu'un voulait changer d'appartement, il fallait l'échanger avec une autre famille.*

Vous étiez en bons termes avec ses parents ?
Oui. Ses parents me respectaient, car j'étais la femme que leur fils avait choisie. Et lui, il était tout pour eux. Ils lui ont donné tout ce qu'ils ont pu. Personne n'aurait pu faire plus qu'eux pour lui. Ils lui ont consacré leur vie. Vladimir Spiridonovitch et Maria Ivanovna étaient de très bons parents.

Et quelle était son attitude à leur égard ?
J'enviais son attitude envers eux. Il les traitait avec beaucoup d'égard, il ne les a jamais vexés. Il arrivait, bien sûr, qu'ils soient mécontents pour une raison ou une autre, et que lui ne soit pas d'accord avec eux, mais dans ces cas-là, il préférait garder le silence plutôt que de leur faire de la peine.

C'était comment avec lui les premières années ?
La première année qui a suivi notre mariage, nous étions inséparables. C'était un sentiment de joie continue et de fête permanente. Ensuite, j'ai été enceinte de notre première fille, Macha. Elle est née quand j'étais en quatrième année de fac, et lui est parti pour un an étudier à Moscou.

Et vous ne vous êtes pas vus durant tout ce temps ?
J'allais le voir chaque mois à Moscou. Lui aussi est venu une fois ou deux. Plus souvent, ce n'était pas possible.

SERGUEÏ ROLDOUGUINE

Une fois, il est venu de Moscou et il s'est débrouillé pour se casser un bras. Un sale type l'a agressé dans le métro et il lui a cassé la gueule. Résultat, il s'est fracturé le bras. Le judo, ce n'est pas un sport d'attaque. Volodia était très déçu : « *Ils ne vont pas comprendre à Moscou, j'ai peur qu'il y ait des conséquences.* » Il y a effectivement eu quelques désagréments. Il ne m'a pas donné de détails, mais ça a fini par s'arranger.

LOUDMILA POUTINA

Le résultat de ses études, c'était cette mission en Allemagne. Il devait aller à Berlin, mais l'un de ses amis l'a recommandé au chef du groupe de Dresde, car lui-même était de Leningrad. Cet ami travaillait à Dresde, et sa mission touchait à sa fin, alors il a recommandé Volodia pour le remplacer. Partir à Berlin était considéré comme plus prestigieux, et le travail y était plus intéressant, avec une ouverture sur Berlin-Ouest. Mais je ne suis jamais rentrée dans les détails, et lui non plus ne me tenait pas vraiment au courant. Il n'y a jamais eu de discussions sur ces sujets entre nous.

SERGUEÏ ROLDOUGUINE

Ils se correspondaient bien, à tous les niveaux. Puis elle a commencé à faire preuve de caractère. C'est une femme qui n'a pas peur de dire la vérité. Elle n'a pas peur de dire d'elle-même : « *Je peux être si étouffante parfois.* » Un jour, j'ai acheté un fauteuil à bascule et je n'arrivais pas à le faire entrer dans ma voiture. Elle s'est mise à me donner des conseils : « *Il faut tourner comme ci et comme ça* »… Mais le fauteuil ne rentrait toujours pas et puis il était si lourd. Alors je lui ai dit : « *Liouda, tais-toi.* » Elle est devenue presque hystérique : « *Pourquoi vous, les hommes, êtes tous si stupides ?* »
Liouda est une hôtesse remarquable. Quand je venais chez eux, elle faisait toujours tout très rapidement. Une vraie femme. Elle pouvait passer la nuit à s'amuser, et le matin, faire le ménage et préparer à manger…

Loudmila a cinq ans de moins que moi. Avant de devenir hôtesse de l'air, elle a étudié dans une faculté technique qu'elle a abandonnée en troisième année. Elle se demandait quelles études faire ensuite. C'est à ce moment-là que nous nous sommes rencontrés et on peut dire que ça l'a influencée. Elle s'est mise à me demander mon avis. Je lui ai dit qu'il fallait qu'elle aille à l'université. Mais c'est elle-même qui a choisi la philologie. Elle a commencé par des cours préparatoires, puis elle a été admise en philologie espagnole, elle s'est mise à étudier les langues. Elle en a appris deux : l'espagnol et le français. On y enseignait le portugais également, mais son apprentissage de cette langue est resté à un niveau embryonnaire. En revanche, en Allemagne, elle s'est mise très vite à parler couramment allemand.

SERGUEÏ ROLDOUGUINE

Macha est née avant leur départ en Allemagne. Mon ex-beau-père avait une datcha vers Viborg, un endroit somptueux, et quand Liouda est sortie de la maternité, nous sommes tous allés vivre là-bas pour un temps : Volodia, Liouda, ma femme et moi… Nous célébrions la naissance de Macha… Nous dansions tous les soirs… *« Tenez bien le voleur, tenez bien le voleur, il est temps de l'attraper ! »* Vovka bouge vraiment bien. En revanche, je ne l'ai jamais vu danser des danses de salon.

Avant notre départ pour l'Allemagne, Loudmila a été contrôlée par les services de sécurité. Ils ont commencé à lui faire passer des tests quand j'étudiais encore à Moscou. À ce moment-là, la destination de mon voyage n'était pas encore connue, et les exigences vis-à-vis des membres de la famille étaient extrêmement élevées. Il fallait par exemple que l'état de santé de l'épouse permette un travail dans des conditions de climat chaud et humide. Sinon, imaginez un peu : on vous prépare durant cinq ans, et quand arrive le moment où il faut partir à l'étranger pour travailler sur le terrain, il s'avère que la santé de votre femme ne le permet pas. C'est tout bonnement affreux !

Ma femme a subi un contrôle complet. Ils ne lui ont rien dit à ce sujet, bien sûr. C'est seulement après qu'elle a été convoquée au département des cadres de l'université qu'on lui a annoncé qu'elle avait passé la « préparation spéciale » avec succès.

Et nous sommes partis pour l'Allemagne.

CHAPITRE 5.
L'ESPION

« Une province d'Europe de l'Est »

Vous avez rejoint le KGB en 1975, vous l'avez quitté définitivement en 1991. Seize ans au total… Sur ces 16 années, combien en avez-vous passé à l'étranger ?
Un peu moins de cinq. Je n'ai travaillé qu'en RDA, à Dresde. Nous sommes arrivés là-bas en 1985, et nous sommes partis après la chute du mur de Berlin, en 1990.

Vous vouliez aller à l'étranger ?
Oui, je le voulais.

Pourtant, en RDA, comme dans les autres pays socialistes, le KGB œuvrait de façon quasi ouverte… Comme l'a dit l'un de vos anciens collègues, *« la RDA, c'est une petite province pour les agents du renseignement »*.
Sûrement… Du reste, de ce point de vue-là, Leningrad aussi était une province. Dans ces provinces, j'ai toujours eu beaucoup de succès.

Mais il faut croire que ça n'a pas été la grande aventure comme dans *Le Glaive et le Bouclier*. Et votre vision romantique de l'espionnage dans tout ça ?

N'oubliez pas qu'à ce moment-là, j'avais déjà dix années de services dans les renseignements à mon actif. De quel romantisme parlez-vous ?

Les services de renseignement ont toujours été les plus frondeurs au sein du KGB. Bien sûr, le fait que certains employés vivaient à l'étranger pendant de longues années y jouait son rôle. Trois ans dans un pays capitaliste ou quatre-cinq ans dans un pays membre du Pacte de Varsovie, suivi de neuf mois de formation obligatoire à Moscou avant un nouveau départ à l'étranger, voilà quel était notre rythme de vie. J'ai deux amis par exemple : le premier a travaillé 20 ans en Allemagne, le second 25 ans. Quand ils rentraient au pays pour neuf mois, entre deux missions, ils n'avaient pas le temps de se replonger dans notre vie à nous. C'est en revenant définitivement de l'étranger qu'ils recommençaient à se faire à notre réalité, à vivre avec et comprendre ce qu'il se passait véritablement chez nous. Nous, les plus jeunes, nous en discutions avec les camarades plus âgés. Et je ne parle pas des vieux qui se souvenaient encore de la période stalinienne… Mais de ceux qui avaient, disons, une certaine expérience dans notre domaine. Et ça, c'était une génération vraiment différente, ils avaient leur vision des choses, leurs appréciations et leurs intentions propres.

Un de mes amis travaillait en Afghanistan, il était responsable du groupe en charge de la sécurité. Lorsqu'il est revenu de là-bas, nous en avons beaucoup parlé. Parce qu'à l'époque, vous savez, ça se passait comme ça : tout ce qu'on nous racontait sur l'Afghanistan, ce n'était que positif ! Un « hourra ! » sur toute la ligne. Le discours officiel n'était que trop patriotique. Alors un soir, on se retrouve, on discute. Je lui demande ce qu'il a pensé de sa mission en Afghanistan. Le fait est que, pour autoriser des bombardements, sa signature était nécessaire. Sans sa signature, on ne pouvait bombarder. Et sa réponse m'a choqué. Il m'a regardé avec attention et il a dit : « *Tu sais, j'analyse mes résultats en fonction des documents que je n'ai pas eu à signer.* » Ça m'a fait un choc. Après ce genre de discussions, tu cogites, et ça change ta vision des choses.

Car ceux qui nous racontaient ça, c'étaient des gens que nous respections, des gens qui représentaient l'autorité à nos yeux. Et voilà que leur avis allait complètement à l'encontre de ce qui était communément admis, à l'encontre des normes établies. C'est à ce moment-là que dans les services, on a commencé à se permettre de penser autrement, de dire tout haut ce que très peu de gens pouvaient se permettre de dire.

LOUDMILA POUTINA

Nous sommes arrivés à Dresde en 1986. J'avais déjà terminé mes études. Macha avait un an. Nous attendions notre deuxième enfant. Katia est née à Dresde. J'avais un niveau scolaire en allemand, je ne parlais pas très bien. Je n'ai pas reçu d'instructions spéciales pour ce voyage. Je suis passée devant la commission chargée des visites médicales. C'est tout. Sûrement parce que les Soviétiques travaillaient en RDA de façon légale à l'époque. Nous vivions dans un des immeubles de la Stasi, la Sécurité d'État est-allemande. Nos voisins savaient pour qui nous travaillions, et nous, nous savions pour qui ils travaillaient. Mais ce qui est intéressant, c'est que nous sommes arrivés quand la Perestroïka avait déjà commencé en URSS. Eux, les Allemands, ils croyaient encore dur comme fer à l'avenir radieux promis par le communisme.

En quoi consistait votre travail exactement ?
Mon travail relevait surtout du renseignement politique. L'obtention d'informations sur certains hommes politiques, sur des ennemis potentiels de notre pays et sur leurs plans d'action.

Des professionnels nous ont expliqué que vous faisiez «*du renseignement depuis le territoire*»*, est-ce exact ?
Oui, c'est tout à fait exact. Même si l'essentiel de ce travail se faisait depuis l'URSS, nous, nous travaillions depuis l'Allemagne de l'Est. Nous étions essentiellement intéressés par toute information relative

* *Recrutement et gestion des informateurs*

à ce qu'on appelait à l'époque « le principal ennemi », et cet ennemi, c'était l'OTAN.

Vous vous rendiez en Allemagne de l'Ouest ?
Durant ma mission en RDA, non, je n'y suis pas allé une seule fois.

Mais alors plus précisément, il consistait en quoi ce travail ?
C'était tout ce qu'il y a de plus classique en matière de renseignement : recrutement d'informateurs, obtention d'informations, traitement de ces informations et communication avec le « Centre ». Il s'agissait surtout d'informations concernant différents partis politiques, différentes mouvances au sein de ces partis, leurs leaders – actuels et potentiellement futurs. Nous suivions aussi de près l'avancement de certaines personnalités, leurs nominations à de nouveaux postes au sein des partis et de l'appareil d'État. Il était important de savoir qui faisait quoi, comment et à quel moment. Ce qu'il se passait au ministère des Affaires étrangères d'un pays qui nous intéressait, comment ce pays adaptait sa politique sur diverses questions dans différentes parties du monde. Ou quelle serait la position de nos partenaires lors des négociations sur le désarmement, par exemple. Et bien sûr, pour obtenir ce genre d'informations, il faut des sources. C'est pourquoi, parallèlement, était mené un travail de recrutement des sources et de recherche d'informations, informations que nous devions traiter et analyser. Un travail tout à fait routinier.

— *« Et aucun sport »* —

LOUDMILA POUTINA

À la maison, on ne parlait pas de ses affaires. Je pense que le caractère spécial du travail de mon mari m'a affectée. Au KGB, il y avait cette règle : ne jamais se confier à sa femme. Il y aurait eu des cas où trop de franchise aurait eu des conséquences déplorables. Et ils ont toujours considéré que moins l'épouse en savait, le mieux elle dormait la nuit. Moi, je fréquentais beaucoup d'Allemands, et si une de ces fréquentations n'était pas souhaitable, Volodia m'en informait.

Mais alors, la vie en RDA, c'était sans doute beaucoup mieux qu'à Piter ?
Oui. Nous avons quitté une Russie en déficit où tout manquait, où l'on faisait la queue pour tout, et nous sommes arrivés dans un endroit où il y avait tout en abondance. J'ai pris douze kilos. J'ai commencé à peser plus de quatre-vingt-cinq kilos.

Et aujourd'hui vous pesez combien ?
Soixante-quinze.

Qu'est-ce qui a fait que vous vous êtes laissé aller comme ça ?
Allez, je vais le dire franchement...

La bière ??
Évidemment ! Nous allions régulièrement dans la petite ville de Radeberg où se trouvait une des meilleures brasseries de toute l'Allemagne de l'Est. J'emportais avec moi un bidon de trois litres. Je le faisais remplir de bière et après, grâce au petit robinet fixé dessus, je buvais, comme si la bière coulait d'un vrai tonneau. En une semaine, je descendais régulièrement trois litres de bière, et vu que mon lieu de travail était à deux pas de la maison, c'était dur d'éliminer les calories en trop.

Et vous ne faisiez pas de sport ?
Les conditions ne s'y prêtaient pas. Et puis, on travaillait vraiment beaucoup.

LOUDMILA POUTINA

Nous vivions dans un appartement de fonction dans un immeuble allemand. C'était un grand immeuble, avec douze bâtiments. Cinq appartements étaient occupés par des membres de notre groupe. Le chef de Volodia et sa femme vivaient dans un autre immeuble. Dans le bâtiment voisin du nôtre, il y avait quatre appartements occupés par des espions militaires. Le reste était occupé par des Allemands, des collaborateurs de la sécurité d'État de la RDA. Notre groupe travaillait dans un bâtiment séparé, dans un hôtel particulier entouré de clôtures. Il faisait trois ou quatre étages... Je ne me souviens pas bien. Mais de la maison, jusqu'à cet hôtel particulier, il y avait cinq minutes à pied. Par la fenêtre de son bureau, Volodia pouvait voir la petite Katia à la crèche. Le matin, il emmenait Macha à la maternelle, c'était juste sous nos fenêtres, et ensuite, il accompagnait Katia à la crèche.

Pour la pause déjeuner, il rentrait toujours à la maison, et d'ailleurs, tous les gars faisaient pareil. Parfois, le soir, on se rassemblait tous chez nous. Des collègues et même quelquefois des Allemands venaient. Nous étions amis avec plusieurs familles. C'était amusant, on parlait de tout et de rien, on se racontait des blagues. Volodia raconte très bien les histoires drôles.

Et tous les week-ends, nous quittions le centre-ville. Nous avions une voiture de fonction – une Jigouli. En RDA, c'était considéré comme une bonne voiture, en tout cas par rapport aux Trabant locales. D'ailleurs, chez eux aussi, à l'époque, c'était compliqué d'avoir une voiture, tout comme chez nous. Et donc oui, tous les week-ends, nous partions nous balader avec toute la famille. Il y a beaucoup de très beaux coins autour de Dresde – par exemple, ce qu'ils appellent «la Suisse saxonne». C'est à 20-30 minutes en voiture de la ville. Et après s'être promenés, avoir mangé quelques saucisses et bu de la bière, on repartait à la maison.

— *«Ils en ont inventé de ces histoires!»* —

Pendant votre mission à Dresde, avez-vous eu des succès professionnels notables?

Oui, je travaillais bien. Il était considéré comme normal lors d'une mission à l'étranger d'être promu une fois. Moi, j'ai été promu deux fois.

En quelle qualité êtes-vous arrivé en RDA?

J'étais d'abord officier opérationnel des renseignements extérieurs, ensuite adjoint du chef de notre département. C'était déjà une bonne promotion. Mais ensuite, je suis même devenu premier adjoint. Et je ne pouvais pas aller plus haut... Après, c'était le rang au-dessus, celui des dirigeants, or nous n'avions qu'un patron. Pour m'encourager un peu plus, j'ai été nommé membre du Comité du parti de la direction du KGB.

Il a été dit que vous avez participé à l'opération « Rayon », de quoi s'agit-il ?
Je ne sais pas vraiment. Je n'y ai pas participé. Je ne sais même pas si elle a vraiment eu lieu. Si je comprends bien, vous voulez parler du travail mené avec la direction politique de la RDA ? Si oui, je n'étais pas impliqué.

Mais certaines sources affirment que c'était vous qui contrôliez le secrétaire de la SED à Dresde, Hans Modrow.
J'ai rencontré Modrow deux-trois fois lors de réceptions très officielles. Notre relation s'arrêtait là. Il avait plus affaire à des gens d'un autre niveau que moi – des commandants d'armée, à notre officier supérieur de liaison. Et de façon plus générale, nous ne travaillions pas avec les fonctionnaires du parti. Y compris avec les nôtres, c'était interdit.

Et ce n'est pas vous qui avez réussi à mettre la main sur toute la documentation technique de l'Eurofighter Typhoon ?
Je ne faisais pas d'espionnage industriel. Ce n'était pas ma mission. Qui a pu inventer autant de bêtises sur moi ?? C'est complètement faux !

Peut-être ceux qui veulent vous donner une image de super espion... Et vous, vous la refusez. Alors qu'est-ce qui vous a valu toutes ces promotions ?
Les résultats concrets de mon travail – c'est ainsi qu'on appelle ça. Ils étaient mesurés par la quantité d'informations recueillies. J'obtenais une information auprès de sources qui étaient à ma disposition, j'accomplissais un certain nombre de formalités, j'envoyais ensuite le tout aux instances supérieures et j'étais noté pour ça.

Là, vous répondez comme un espion, c'est-à-dire que vous ne répondez pas... Il y a eu cette histoire du chef des renseignements est-allemand Markus Wolf qui vous aurait offensé... Wolf a raconté que la médaille de bronze que vous avez obtenue, celle de « l'ordre du Mérite pour services rendus à l'armée est-allemande », n'avait en fait rien d'extraordinaire, qu'elle était décernée à presque toutes les secrétaires du pays qui n'auraient pas commis de faute grave.

Markus Wolf a tout à fait raison. Et il n'y a rien de blessant dans ces propos. Je dirais même le contraire, puisque par là même, il souligne que je n'ai commis aucune faute grave. Quant à la médaille, je crois que son nom exact n'est pas « pour services rendus », mais pour « bons et loyaux services rendus à l'armée populaire nationale de la RDA ».

Vous ne vous attendez pas à la publication de révélations sensationnelles par les Allemands sur votre vie d'espion ? À l'approche des élections, par exemple ?

Non... À vrai dire, non. Par ailleurs, ça m'amuse assez de lire toutes ces bêtises sur moi dans les journaux. Par exemple, j'ai récemment appris, non sans intérêt, que, dans certains pays occidentaux, des journalistes recherchaient des agents que j'ai recrutés. C'est absurde ! Puisque nos amis, c'est ainsi que nous appelions les collaborateurs de la Sécurité d'État de la RDA, gardaient des traces de tout ce que nous faisions. Tout est dans leurs archives. C'est pourquoi on ne peut pas dire que je m'occupais de quelconques opérations secrètes, qui auraient échappé à la vue des autorités locales, en l'occurrence des services secrets. L'essentiel de notre travail se faisait avec des citoyens de la RDA. Et ceux-là sont tous fichés. Tout est transparent et clair.

Et les services de contre-espionnage allemands sont au courant de tout. Je n'ai jamais travaillé contre les intérêts de l'Allemagne. C'est une chose absolument évidente. De plus, s'il en avait été autrement, après mon séjour en RDA, je n'aurais pas pu aller dans d'autres pays d'Europe occidentale. Je n'étais pas à l'époque le fonctionnaire de haut rang que je suis aujourd'hui. Et je suis allé à l'étranger de nombreuses fois, y compris en Allemagne. Des collaborateurs de la

Stasi m'ont même envoyé des lettres quand je travaillais déjà comme vice-maire à Saint-Pétersbourg. Lors d'une réception, j'en ai informé l'ambassadeur allemand : « *Vous devez savoir que je reçois ces lettres, ce sont des relations personnelles. Je comprends qu'en ce moment chez vous, vous menez campagne contre les anciens collaborateurs des services secrets est-allemands, qu'ils sont arrêtés, poursuivis pour des motifs politiques, mais ce sont mes amis, et je ne renoncerai pas à mes amis.* » Il m'a répondu : « *Nous comprenons très bien, Monsieur Poutine. Et nous n'avons pas de questions pour vous. Tout est clair.* » Ils savaient très bien qui j'étais et d'où je venais. Et moi, je ne l'ai jamais caché.

LOUDMILA POUTINA

Bien sûr, la vie en RDA était très différente de la nôtre. Les rues étaient propres, les fenêtres nettoyées – ils font ça une fois par semaine là-bas. Une abondance de produits de consommation. Il y en avait certainement moins qu'en Allemagne de l'Ouest, mais certainement plus qu'en Russie. Il y a aussi un détail qui m'a beaucoup frappée. Ce n'est pas grand-chose, et je ne sais même pas si ça vaut la peine de le raconter…? Il s'agit, vous savez, de la façon dont les Allemandes étendent leur linge. Le matin, avant de partir travailler, vers sept heures, elles sortent dans la cour, il y a des petits poteaux métalliques. Chacune tire son câble, puis y accroche son linge en rangs très droits, avec des pinces à linge. De façon parfaitement identique. Les Allemands étaient très organisés. Et leur niveau de vie était bien plus élevé que le nôtre. Et je pense que les employés de la Stasi avaient un meilleur salaire que nos gars à nous. J'arrivais à cette conclusion en observant comment vivaient nos voisins allemands. Nous, nous tentions de faire des économies, nous mettions de côté pour acheter une voiture. Quand nous sommes revenus en Russie, nous avons pu nous acheter une Volga*. Nous recevions une partie du salaire de Volodia en marks allemands, l'autre en dollars. Et nous ne dépensions quasiment rien, à part pour se nourrir. Car en réalité, nous n'avions rien à payer ! Nous vivions dans un appartement de service, avec de la vaisselle

* *Voiture haut de gamme à l'époque soviétique*

de service. Plus globalement, on ne défaisait pas nos valises et on vivait dans l'espoir de rentrer à la maison au plus vite. J'avais très envie de rentrer ! C'est vrai qu'on se sentait bien en RDA. Quatre années sont passées, et en quatre ans, une ville dans laquelle tu vis devient, quelque part, ta ville. Mais quand le mur de Berlin est tombé, nous avons compris que c'était la fin, et j'ai eu ce sentiment terrible que ce pays, qui était devenu presque le mien, bientôt n'existerait plus.

— *« C'est comme si j'avais voulu leur porter malheur »* —

Si, comme vous le prétendez, les services de contre-espionnage allemands savent tout de vos activités en RDA, cela voudrait dire qu'ils savent aussi avec qui vous avez travaillé. Tous vos agents sont démasqués ?

Non, nous avons tout détruit. Tous nos liens, contacts et tous nos réseaux d'agents. Moi-même, j'ai personnellement brûlé une grande quantité de documents. Nous en avons brûlé tellement que le four a craqué. Nous brûlions des documents jour et nuit. Tout ce qui avait de la valeur a été évacué à Moscou. Mais c'est vrai que ça ne valait plus rien d'un point de vue « opérationnel ». Nous avons rompu les liens avec nos contacts, cessé de nous informer auprès de nos sources pour des raisons de sécurité, nos dossiers ont été archivés. Amen !

Quand cela s'est-il passé ?

En 1989, quand il y a eu les premières attaques contre les bâtiments du ministère de la Sécurité d'État*. Nous avions peur d'être les prochains sur la liste.

Mais vous ne croyez pas qu'on pouvait les comprendre, ces gens qui s'en sont pris à la Stasi ?

Oui, on pouvait. Seulement, je n'ai pas aimé la forme qu'a prise cette protestation. J'étais dans la foule quand tout cela s'est passé. J'observais avec beaucoup de dépit ces gens en colère, je les ai vus faire

* *Stasi.*

irruption dans le bâtiment du ministère. Une femme a commencé à crier : « *Cherchez l'entrée qui donne sur l'Elbe ! Il y a des prisonniers qui y moisissent, ils ont de l'eau jusqu'aux genoux !* » Quels prisonniers ? Pourquoi sur l'Elbe ? Oui, il y avait bien une maison d'arrêt dans le bâtiment, mais pas sur l'Elbe.

Bien sûr, c'était une contre-réaction. Je comprenais ces gens, ils étaient fatigués de ce contrôle accru de la Stasi sur leur vie, d'autant plus que ce contrôle était total. Les gens étaient terrorisés et ils voyaient dans la Stasi un monstre à détruire.

Mais la Stasi faisait aussi partie de cette société. Elle était atteinte des mêmes maux. Des gens très différents y travaillaient et ceux que je connaissais personnellement étaient des gens décents. Beaucoup d'entre eux sont devenus mes amis, et je trouve injuste le fait qu'aujourd'hui tout le monde s'en prenne à eux, tout comme je ne cautionne pas ce que faisait le système du ministère de Sécurité intérieure de la RDA avec son propre peuple. Oui, certainement, il y avait parmi les collaborateurs de la Stasi des personnes chargées de mener des répressions. Moi, je n'ai rien vu de cela. Je ne dis pas que ça n'a pas existé. Simplement, je n'en ai pas été personnellement témoin.

Pour moi, la RDA était au début une sorte de révélation. J'avais l'impression que je partais au centre de l'Europe. C'était la fin des années 1980, et soudain, en parlant avec des employés de la Stasi, j'ai réalisé qu'ils étaient, comme le reste de la RDA, dans un état que l'URSS avait déjà dépassé depuis longtemps.

C'était un pays au régime totalitaire, certes calqué sur notre modèle, mais avec trente ans de retard. Et d'ailleurs, ce qu'il y avait d'assez tragique, c'est que les gens croyaient encore sincèrement aux idéaux communistes. Je me suis dit : si des changements commencent dans notre pays, quel impact auront-ils sur la vie de ces gens-là ? Et c'est comme si j'avais voulu leur porter malheur...

Vraiment, c'était difficile à imaginer. Surtout en RDA. Et puis personne n'aurait pu penser que ça arriverait ! Par ailleurs, on ne se rendait pas du tout compte des conséquences. On ne savait pas comment tout cela allait finir. Parfois, c'est vrai, je me disais qu'un régime pareil ne pourrait pas tenir longtemps. Le fait que chez nous, la Perestroïka avait déjà commencé avait dû influencer mon jugement.

On commençait à parler de sujets totalement interdits il y a peu. En RDA, tout était encore tabou, la société complètement verrouillée. Des familles brisées. Une partie de la famille vivant d'un côté du mur, l'autre du nôtre. Tout le monde sous surveillance... Bien sûr, ce n'était pas normal.

Et quand la foule a envahi le bâtiment de la Stasi, vous n'avez pas été visé ?

Des gens se sont rassemblés tout autour de notre bâtiment. Alors d'accord, les Allemands saccagent leur ministère de la Sécurité. C'est une affaire interne, un problème national. Mais nous, nous n'étions pas une affaire nationale. La menace était sérieuse. Nous avions des documents importants à l'intérieur. Personne n'a levé le petit doigt pour nous défendre. Nous étions prêts à le faire nous-mêmes, dans le cadre des accords passés entre nos ministères et nos États. Nous avons dû montrer à cette foule que nous étions prêts. Ça a eu l'effet escompté. Pendant un certain temps.

Vous aviez un service d'ordre ?

Oui, plusieurs personnes assuraient notre sécurité.

Vous n'avez pas essayé de sortir et de parler à ces gens ?

Après un certain temps, quand la foule est devenue plus audacieuse, je suis sorti pour parler aux gens et essayer de comprendre ce qu'ils voulaient. Je leur ai expliqué qu'ils se trouvaient sur un périmètre appartenant à une organisation militaire soviétique. Quelqu'un a lancé depuis la foule : « *Alors pourquoi dans votre cour il y a des véhicules avec des plaques allemandes ? Et puis qu'est-ce que vous fabriquez ici ?* » J'ai répondu que conformément à notre accord avec la partie allemande, nous étions autorisés à utiliser des plaques allemandes. « *Et vous, vous êtes qui ? Vous parlez un trop bon allemand...* », ont-ils crié. J'ai répondu : « *Je suis le traducteur.* »

Les gens étaient très agressifs, prêts à en découdre. J'ai téléphoné à notre groupe de militaires pour obtenir une protection, je leur ai expliqué la situation. Mais à l'autre bout du fil, on m'a dit : « *Nous ne pouvons rien faire sans les ordres de Moscou. Et Moscou reste silencieuse.* » Ensuite, quelques heures plus tard, nos militaires ont fini par arriver. Et la foule s'est dispersée. Mais cette petite phrase : « *Moscou reste silencieuse* »... J'ai eu alors le sentiment que mon pays n'existait plus. Il est devenu clair que l'URSS était malade. Et qu'il s'agissait d'une maladie mortelle, incurable : la paralysie du pouvoir.

LOUDMILA POUTINA

J'ai vu ce qu'il s'est passé avec mes voisins quand les premiers événements révolutionnaires ont agité la RDA. Ma voisine, avec qui j'étais très amie, a pleuré toute une semaine. Elle, ce qu'elle pleurait, c'était cet idéal perdu parce qu'elle voyait s'effondrer tout ce en quoi elle avait toujours cru. Pour cette famille, c'était la fin de tout. De leur vie, de leurs carrières. Ils sont tous restés sans emploi, ils n'avaient plus le droit d'exercer aucune profession. Ma fille Katia avait une maîtresse à la maternelle, dont le métier était sa passion. Elle était faite pour ça. Après la chute du mur de Berlin, elle n'avait plus le droit d'enseigner dans les écoles. Puisqu'elle aussi, elle avait travaillé pour la Stasi. Psychologiquement, c'était un choc pour elle, mais avec le temps, elle s'en est remise et est allée travailler dans une maison de retraite. Je connais aussi une autre Allemande de RDA qui s'est fait embaucher par une compagnie occidentale. Elle y travaillait depuis un certain temps déjà, tout allait bien pour elle, quand, sans qu'elle s'y attende, son chef s'est emporté et a dit devant tous les employés que tous les Allemands de l'Est étaient stupides, incultes et incompétents. En somme, des citoyens de seconde classe. Elle a écouté, puis elle lui a dit : « *Eh bien moi aussi, je suis de RDA. Vous pensez que moi aussi, je ne suis bonne à rien ?* » Son chef s'est tu. Il ne savait pas quoi répondre, il n'avait aucun reproche à lui faire sur son travail.

Est-ce que vous vous êtes inquiétée quand le mur de Berlin est tombé ?
Je savais que c'était inévitable. Et à vrai dire, je regrettais surtout les positions stratégiques que l'Union soviétique venait de perdre

en Europe, même si je comprenais très bien que ces « positions » ne tenaient que grâce à des murs et des lignes de partage des eaux, qu'à terme elles ne pouvaient pas durer. Mais je voulais qu'à leur place émerge quelque chose de nouveau. Mais rien n'a été fait. Ça, c'est ce qui me fait de la peine. Ils ont tout laissé en plan et ils sont partis.

Quelques années plus tard, à Piter, j'ai eu une rencontre intéressante avec Kissinger. Sans que je m'y attende, il a confirmé ce que je pensais. Il y avait à l'époque une commission Kissinger-Sobtchak pour développer Saint-Pétersbourg et attirer des investisseurs étrangers. Kissinger est venu en personne deux fois, il me semble. Une fois, je suis allé le chercher à l'aéroport. Nous nous sommes installés dans la voiture et nous sommes partis pour la résidence. En chemin, il m'a demandé d'où je venais et ce que je faisais avant. Un petit vieux très curieux. On dirait qu'il dort debout, mais en réalité, il voit tout et entend tout. Nous parlions via un interprète. Il m'a demandé : « *Ça fait longtemps que vous travaillez ici ?* » J'ai répondu, presque un an. Ensuite, voilà notre dialogue.

« Et avant ça, vous avez travaillé où ?
– Au Conseil de la ville de Leningrad.
– Et avant le Conseil de la ville de Leningrad, vous faisiez quoi ?
– Je travaillais à l'université.
– Et avant l'université ?
– Avant ça, j'étais militaire.
– Dans quelle division ? »

Et là, je me suis dit que j'allais le décevoir : « *Vous savez, dis-je, je travaillais pour les renseignements.* » Lui, très calmement : « *Vous avez travaillé à l'étranger ?* » Moi : « *Oui, je travaillais en Allemagne.* » Lui : « *À l'Est ou à l'Ouest ? – À l'Est.* » Lui : « *Tous les honnêtes gens ont commencé dans les services de renseignement. Moi aussi.* » Je ne savais pas que Kissinger venait aussi du métier. Mais ce qu'il m'a dit ensuite était pour moi une grande surprise. Et c'était très intéressant. « *Vous savez*, m'a-t-il dit, *ma position vis-à-vis de l'URSS m'a valu beaucoup de critiques. J'estimais que l'Union soviétique ne devait pas se retirer si vite d'Europe de l'Est. Notre monde a perdu son équilibre trop rapidement, et* ça peut avoir des conséquences indésirables. *Aujourd'hui, on me reproche ce point de vue. On me dit : vous voyez, l'Union soviétique s'est écroulée et tout va bien ; et vous, vous disiez que c'était impossible que tout aille bien. Et moi, je pense sincèrement que c'est impossible.* » Ensuite, il a réfléchi un court instant et il a ajouté : «*À vrai dire, je ne comprends toujours pas pourquoi Gorbatchev a fait ça.*»

Je ne m'attendais pas du tout à entendre ça de sa bouche. Je le lui ai dit. Et je vous le redis aujourd'hui : Kissinger avait raison. Nous aurions évité de nombreux problèmes s'il n'y avait pas eu cette fuite en avant précipitée.

CHAPITRE 6.

LE DÉMOCRATE

« Les ex-espions, ça n'existe pas »

Vous ne vous êtes jamais dit que le KGB était devenu obsolète ?
Vous voulez savoir pourquoi j'ai refusé de rejoindre la Direction centrale du KGB à Moscou, alors qu'on me l'avait proposé ? Parce que je comprenais déjà que ce système n'avait plus d'avenir. Le pays n'avait plus d'avenir. Et rester au cœur du système en attendant qu'il s'écroule, ça aurait été trop difficile.

SERGUEÏ ROLDOUGUINE
Je me souviens avec quelle douleur et quelle indignation Volodia me racontait comment tout notre réseau des services de renseignement en Allemagne s'était effondré. Il disait : « *Ils n'avaient pas le droit de faire ça ! Comment ont-ils pu faire ça ? J'admets que moi, je puisse faire des erreurs, mais comment accepter les erreurs de ceux que nous considérions comme des professionnels de haut niveau ?* » Il était très déçu. Je lui ai répondu : « *Tu sais Volodia, ne commence pas à me lancer*

là-dessus ! » Et lui : « *Je vais quitter le KGB !* » C'est alors que je lui ai dit : « *Les ex-espions, ça n'existe pas !* »
Volodia parlait avec beaucoup de sincérité, et à vrai dire, je l'ai cru. Mais je vois mal comment une personne peut faire abstraction des connaissances et des informations qu'elle a accumulées pendant tant d'années. Évidemment, il est possible de quitter une telle organisation, mais la vision des choses, la mentalité forgées par ce travail restent.

Ce que nous faisions n'intéressait plus personne. Quel intérêt d'écrire, de recruter des agents, de rechercher des informations ? Au Centre*, plus personne ne lisait nos rapports. Ne les avions-nous pas avertis de ce qui allait se passer ? N'avions-nous pas donné des conseils sur la façon d'agir ? Et de leur côté, il n'y avait eu aucune réaction. Qui veut travailler pour rien ? Consacrer des années de sa vie pour rien ? Pourquoi ? Pour toucher sa paye ?

Un exemple : j'avais des amis qui étaient spécialisés dans l'espionnage technologique et scientifique. Moyennant quelques millions de dollars, ils avaient réussi à obtenir des informations sur une grande découverte scientifique. Des recherches autonomes sur un tel projet auraient coûté des milliards de dollars à notre pays. Mes amis avaient donc recueilli ces informations et ils ont tout transmis au Centre. Là-bas, la direction leur a dit : « *C'est formidable. Super info. Merci. On vous embrasse tous. Vous serez décorés.* » Mais ils n'en ont rien fait. Ils n'ont même pas essayé d'utiliser ces informations. Le niveau technique de notre industrie ne permettait tout simplement pas de les exploiter.

Bref, lorsque nous sommes rentrés d'Allemagne en 1990, j'étais toujours dans les services, mais je commençais à réfléchir à un plan B. J'avais deux enfants et je ne pouvais pas tout planter pour aller je ne sais où. Que pouvais-je faire ?

SERGUEÏ ROLDOUGUINE

Quand Volodia est rentré d'Allemagne, il m'a dit : « *Ils me proposent d'aller à Moscou ou de monter en grade à Saint-Pétersbourg.* » Nous en

---

* *La direction du KGB à Moscou*

avons discuté pour essayer de savoir ce qui était le mieux pour lui. Et je lui ai dit : «*À Moscou, il n'y a que des chefs, il n'y a pas de gens ordinaires – l'un a un oncle dans tel ministère, l'autre un frère, l'autre un beau-père. Et toi, tu n'as personne là-bas, comment vas-tu faire ?*» Il a réfléchi et m'a répondu : «*Moscou, c'est Moscou.... Là-bas, il y a des perspectives.*» Mais moi, je savais déjà qu'il penchait plutôt pour l'idée de rester à Saint-Pétersbourg.

— «*On s'en br....le*» —

C'est avec plaisir que j'ai accepté ma nouvelle couverture : étudiant à l'université de Leningrad. J'avais l'intention de passer mon doctorat, voir comment les choses se déroulaient là-bas et pourquoi pas, rester travailler à l'UNL[*]. C'est ainsi que je suis devenu en 1990 assistant du président de l'université pour les relations internationales. Comme on disait dans les services, j'étais un «réserviste actif».

LOUDMILA POUTINA

Quand nous étions en Allemagne, la Perestroïka et tout ce qui s'est passé ensuite, de 1986 à 1988, nous l'avons suivi à la télévision. C'est pour cela que cet esprit révolutionnaire, cet enthousiasme que les gens ont pu ressentir, je ne les connais qu'à travers des récits. Mais lorsque nous sommes rentrés chez nous, je n'ai pas vraiment remarqué de changements. Les mêmes queues gigantesques dans les magasins, les tickets de rationnement, les étalages vides... Les premiers temps après mon retour, j'avais même peur d'aller faire des courses. Je n'étais pas capable comme tant d'autres de chercher moins cher, de négocier et de faire la queue plus longtemps. Je faisais juste un saut dans le magasin le plus proche, je prenais le strict nécessaire et je rentrais à la maison. C'était terrible.
En plus, nous n'avions pas mis beaucoup d'argent de côté pendant nos années de service en Allemagne. L'achat de la voiture a englouti

[*] *Université nationale de Leningrad*

l'essentiel de nos économies. Nous avions aussi une machine à laver, vieille de 20 ans, que nos voisins allemands nous avaient donnée. Nous l'avons ramenée avec nous et nous nous en sommes servis pendant encore 5 ans.

Au travail de mon mari, la situation a changé. Même si, d'après ce que j'ai compris, sa mission en Allemagne avait été une réussite, il se posait des questions sur la suite à donner à sa carrière. Je crois qu'il s'est rendu compte qu'il avait fait le tour de sa vocation initiale. Et ça n'a pas été facile de briser les liens avec le passé et de prendre la décision d'entrer en politique.

Stanislav Petrovitch Mercouriev était alors recteur de l'université de Leningrad. Un homme très bon et un brillant chercheur. À l'UNL, j'ai commencé à rédiger ma thèse. J'ai demandé à Valeri Abramovitch Moussine, un des meilleurs spécialistes du droit international, d'être mon directeur de thèse. J'ai choisi un sujet dans le domaine du droit international privé et j'ai commencé à établir un plan de travail.

À l'université, j'ai rétabli des contacts avec mes amis de la faculté de droit. Certains y sont restés pour travailler et ont commencé à enseigner après avoir soutenu leur thèse. Et c'est l'un d'entre eux qui m'a demandé de venir en aide à Anatoli Sobtchak, le président du Lensoviet[*].

Il m'a simplement dit que Sobtchak n'avait personne de fiable dans son équipe, qu'il était entouré de filous. Il m'a demandé de l'aider. Je lui ai demandé de quelle façon. « *En allant travailler chez lui plutôt qu'à l'université* », m'a-t-il répondu. « *Tu sais, il faut que j'y réfléchisse. Après tout, je suis un officier du KGB, et lui, il ne le sait pas. Je pourrais le compromettre.* » « *Parle-lui* », voilà ce qu'a dit mon ami.

Il faut dire qu'à ce moment-là, Sobtchak était déjà connu et très populaire. Et moi, j'observais avec intérêt ce qu'il faisait, comment il le faisait et ce qu'il disait. Je n'appréciais pas tout, c'est vrai, mais il a gagné mon respect. Il avait aussi enseigné dans notre université, et ça, ça me faisait plaisir.

[*] *Conseil de la ville de Leningrad, l'assemblée des députés locaux*

Quand j'étais étudiant, nous n'avons eu aucune relation personnelle en dehors des cours. Il a beaucoup été dit par la suite que j'étais un de ses étudiants préférés... Ce n'était pas du tout le cas. Sobtchak était juste un de ces professeurs présents un ou deux semestres par an pour donner des cours.

J'ai fait la connaissance d'Anatoli Alexandrovitch dans son bureau au Lensoviet. Je me souviens bien de cette scène. Je suis entré. Je me suis présenté et je lui ai tout raconté. C'était un homme impulsif et il m'a dit de suite : «*Je vais en parler avec Stanislav Petrovitch Mercouriev. Vous pourrez commencer à partir de lundi. Voilà. Je vais vite me mettre d'accord avec lui, et vous serez transféré dans mes services.*» Je ne pouvais pas taire un détail important : «*Anatoli Alexandrovitch, c'est avec plaisir que je viendrais travailler pour vous. Cela m'intéresse beaucoup, j'en ai très envie, mais il y a des circonstances particulières qui feront sûrement obstacle à cette mutation.*» Il m'a demandé : «*Lesquelles ?*» J'ai répondu : «*Je ne suis pas seulement l'assistant du recteur, je suis également officier cadre du KGB.*» Il est resté silencieux pendant un bon moment – mon annonce était pour lui une vraie surprise... Il a réfléchi, puis il a encore réfléchi, et tout à coup, il s'est exclamé : «*On s'en b...*!*»

Je ne m'attendais pas du tout à une telle réaction. Imaginez, c'était notre première rencontre. Lui, ce professeur respectable, docteur en sciences juridiques, président du Conseil de la ville, qui me lance un truc pareil.

Ensuite, il m'a dit : «*J'ai besoin d'un assistant. À dire vrai, j'ai même peur d'aller à la salle de réception du Conseil, car je ne sais pas à quel genre de personnes j'aurai affaire.*» Les noms de ces personnes sont aujourd'hui associés à divers scandales. Ces gens ont rendu de bien mauvais services à Sobtchak...

Les gars qui travaillaient avec lui, sa garde rapprochée, c'étaient tous des types qui se comportaient comme des brutes, ils étaient grossiers dans les meilleures traditions du Komsomol et de l'école soviétique. Ça créait bien sûr beaucoup de tensions entre les députés, et à cause de ça, ça a vite viré au conflit entre Sobtchak et le Lensoviet. Je m'en rendais compte et j'ai dit à Anatoli Alexandrovitch que je serais ravi

* *Branle*

de venir travailler pour lui, mais que je devais d'abord informer la direction du KGB de mon départ de l'université.

Informer mes supérieurs hiérarchiques de mon intention de changer de travail, ça a été un moment délicat. Je suis allé voir mon chef et je lui ai dit : «*Anatoli Alexandrovitch me propose de quitter l'université et d'aller travailler pour lui. Si ce n'est pas possible pour vous, je suis prêt à donner ma démission.*» Il m'a répondu : «*Non ! Pour quoi faire ? Vas-y, bien sûr ! Ça ne pose aucun problème.*»

— «*Nous n'avons plus de questions*» —

Mes supérieurs étaient des gens fins et ils comprenaient très bien la situation. Ils ne m'ont imposé aucune condition. Même si formellement, je continuais à faire partie des services de sécurité, je n'avais presque plus à me rendre au bureau de la direction.

Ce qui est intéressant et très parlant, c'est que mes supérieurs n'ont jamais tenté de m'utiliser pour participer à telle ou telle opération. Ils comprenaient que ça n'aurait aucun intérêt. D'autant plus qu'à cette période, tout, y compris les forces de l'ordre, était dans un piteux état.

VLADIMIR TCHOUROV
EN 2000, VICE-PRÉSIDENT DU COMITÉ DES AFFAIRES INTÉRIEURES
DE LA MAIRIE DE SAINT-PÉTERSBOURG.

Avant 1991, il y avait deux catégories de bureaux au Smolny[*] : ceux des chefs, où il y avait deux portraits, celui de Lénine et celui de Kirov ; et ceux des cadres de rang inférieur – là, il n'y avait qu'un seul portrait : celui de Lénine. Lorsque ces portraits ont pu être décrochés, les clous sont restés aux murs. Et chacun pouvait choisir quel nouveau portrait accrocher à la place de ceux des guides de la Révolution. La plupart ont choisi Eltsine. Poutine, lui, a commandé pour son bureau celui de Pierre le Grand.

On lui a amené deux portraits pour faire son choix. Le premier était

---

[*] *L'Institut Smolny est un bâtiment du début du XIXe qui, après la révolution de 1917, devient le quartier général des bolcheviks, puis le siège de la section locale du Parti communiste, puis la résidence du maire de la ville*

un tableau dans un style romantique – Pierre, représenté en jeune homme plein de santé, l'air moqueur, les cheveux bouclés, portant une armure de l'époque des «grandes ambassades». Le deuxième, que Poutine a choisi, était une gravure. Un des derniers portraits de Pierre le Grand. Un portrait de l'époque où ses réformes étaient activement appliquées. Précisément ce moment qui correspondait à l'échec de la campagne du Prut et la fin de la guerre du Nord, quand Pierre le Grand a posé les fondements de l'Empire de Russie.
Je ne pense pas que Vladimir Vladimirovitch ait choisi ce portrait par hasard. Sur cette gravure rare et peu connue, Pierre a l'air grave, je dirais même préoccupé.

Une fois seulement, mes collègues des services ont essayé d'utiliser ma proximité avec Sobtchak. Il était souvent en déplacement et il quittait régulièrement Saint-Pétersbourg. Il me confiait alors la gestion des affaires courantes. Un jour, il partait en urgence quelque part, et un document important nécessitait sa signature. Le document n'a pas pu être prêt à temps, et Sobtchak ne pouvait plus attendre. Alors il a pris trois feuilles vierges. Il les a signées chacune en bas de page et il me les a données. «*Vous compléterez*», m'a-t-il dit. Puis, il est parti.
Le soir même, des collègues du KGB sont passés me voir. Nous avons discuté de ci, de ça... Puis ils m'ont fait comprendre qu'il serait bon d'avoir la signature de Sobtchak sur un certain document. Ils voulaient qu'on en discute. Moi, j'avais déjà de l'expérience, de nombreuses années sans faute, je les ai vus venir tout de suite. D'une pochette, j'ai sorti une des feuilles signées par Sobtchak. Eux comme moi, nous comprenions que c'était la preuve d'une grande confiance à mon égard. «*Vous voyez, cette personne me fait confiance. Alors, qu'attendez-vous de moi?*» Ils ont tout de suite fait marche arrière: «*On n'a plus de questions, on est désolés.*» Et l'affaire en est restée là.
Quoi qu'il en soit, ce n'était pas une situation normale. Je continuais à être payé par eux. Un salaire supérieur à celui que je touchais au Lensoviet. Mais assez vite, certaines circonstances m'ont poussé à réfléchir à l'idée de rédiger une lettre de démission. Les relations

avec les députés du Lensoviet n'étaient pas toujours faciles. Avant tout parce qu'ils défendaient souvent les intérêts de quelqu'un. Un jour, un député est venu me voir et il m'a dit : « *Tu sais, il y a quelqu'un qu'il faudrait aider, ne pourrais-tu pas faire ci et ça.* » Je l'ai envoyé paître une fois, deux fois, et à la troisième, il m'a dit : « *Il y a ici des gens mauvais qui ont compris que tu étais un agent des services de sécurité. Il faut les empêcher de parler sans tarder. Je suis prêt à t'aider, mais en échange, il faut que tu me rendes un service toi aussi.* »

J'ai compris qu'on ne me laisserait pas tranquille, que j'allais sans cesse subir ces chantages. J'ai alors pris la décision d'écrire une lettre de démission. J'en avais juste assez de ces chantages insolents.

Pour moi, ça a été une décision très difficile. Même si de fait, ça faisait presque un an que je ne travaillais plus pour les services, toute ma vie était liée à eux. En plus, c'était l'année 1990. L'URSS ne s'était pas encore disloquée. Le putsch du mois d'août n'avait pas encore eu lieu. Il n'y avait aucune certitude quant à la tournure qu'allaient prendre les évènements. Certes, Sobtchak était un homme brillant et un politicien en vue, mais je ne voulais pas non plus lier mon avenir au sien. Tout pouvait disparaître du jour au lendemain. J'avais aussi du mal à voir ce que je pouvais faire d'autre si je perdais mon travail à la mairie. Je me suis dit qu'au pire, je retournerais à l'université pour finir ma thèse et que je ferais des petits boulots ici et là.

Dans les services, j'avais une situation stable, j'étais apprécié. Tout me réussissait dans ce système, et pourtant, j'ai décidé de partir. Pourquoi? Je ne savais pas vraiment et j'en souffrais profondément. Je devais prendre cette décision, la plus dure de ma vie. J'y ai réfléchi longtemps. Je m'y suis préparé. Puis je me suis pris en main, je me suis assis et j'ai écrit ma lettre de démission d'une traite.

Ensuite, j'ai décidé de raconter publiquement que j'avais travaillé dans les services. J'ai demandé de l'aide à mon ami, le réalisateur Igor Abramovitch Chadkhan. C'est un homme de talent, son film le plus connu s'appelle *Contrôle pour adultes*. Chadkhan travaillait alors à la télévision. Je suis allé le voir et lui ai dit : « *Igor, je souhaite parler ouvertement de mon ancien travail pour que ça cesse d'être un secret, pour que plus personne ne puisse me faire du chantage.* »

Il a enregistré une interview dans laquelle il me posait des questions précises sur mon travail au KGB, il voulait des détails sur ce que je faisais quand j'étais en mission de renseignements, etc. Le tout a été montré à la télévision locale de Leningrad. Après ça, quand certains de mes collègues venaient me voir en insinuant des choses sur mon passé, je disais tout de suite : « Stop. Ce n'est pas intéressant. Tout le monde est déjà au courant. »

Mais ma lettre de démission n'a pas été traitée. Le processus était bloqué quelque part. Visiblement, quelqu'un au sein de la direction n'arrivait pas à prendre de décision. Du coup, quand le putsch a commencé, j'étais toujours officiellement un officier du KGB.

— « Le porte-drapeau a été scié avec une lance à oxygène » —

Vous vous souvenez de cette question populaire à l'époque : où étiez-vous la nuit du 18 au 19 août 1991 ?

J'étais en vacances. Lorsque tout a commencé, j'étais très inquiet, car j'étais loin, en pleine cambrousse. Je suis revenu à Leningrad le 20 août. Avec Sobtchak, nous nous sommes quasiment installés dans le bâtiment du Conseil de la ville. Et pas nous deux seulement, il y avait beaucoup de monde, et nous sommes restés tous ensemble durant plusieurs jours.

À ce moment-là, quitter l'enceinte du Lensoviet était assez dangereux. Mais nous ne voulions pas rester sans rien faire. Nous sommes allés à l'usine de Kirov et dans d'autres usines pour parler aux ouvriers. Nous n'étions pas à l'aise. Nous avons même donné des armes à certains gars qui nous accompagnaient. Moi, je gardais mon revolver de service dans mon coffre-fort au bureau.

Partout où nous allions, le peuple nous soutenait. Il était clair que si quelqu'un avait tenté de renverser la situation, il y aurait eu beaucoup de victimes. Mais ça n'a pas eu lieu. Le putsch a pris fin. Les putschistes ont été chassés.

Et vous, qu'avez-vous pensé des putschistes ?

Il était clair que, par leurs actions, ils détruisaient le pays. En principe, leur mission était noble, ils ont dû se dire qu'ils allaient sauver l'URSS de sa chute. Mais les moyens et les méthodes choisis n'ont fait que l'accélérer. Quand j'ai vu les putschistes à la télévision, j'ai tout de suite compris que c'était la fin.

Et s'ils avaient réussi leur putsch ? Vous étiez un officier du KGB. Vous auriez sûrement été jugé avec Sobtchak.

Mais je n'étais plus officier du KGB ! Dès que le putsch a commencé, j'ai tout de suite choisi mon camp. Je savais à 100 % que je n'allais pas obéir aux ordres des putschistes et que je ne serais pas de leur côté. Oui, je me rendais compte qu'un tel comportement serait au minimum considéré comme un délit contre l'État. C'est pour cela que j'ai écrit une seconde lettre de démission dès le 20 août.

Et si les services n'en avait pas tenu compte comme de votre première lettre ?

J'ai tout de suite prévenu Sobtchak de cette éventualité. «*Anatoli Alexandrovitch, j'ai donné ma démission une fois, mais ma lettre est tombée aux oubliettes. Je vais devoir le faire une nouvelle fois.*» Sobtchak a immédiatement téléphoné à Vladimir Krioutchkov*, puis au chef de ma division. Le lendemain, ils m'ont informé que ma lettre de démission avait été signée. Krioutchkov était un communiste convaincu. Pour lui, tout ce que les putschistes faisaient était juste. Mais c'était un homme honnête et je continue à avoir beaucoup de respect pour lui.

Vous avez souffert de cette situation ?

Terriblement. Ma vie a été complètement bouleversée, dans la douleur. Car avant ce moment, je ne réalisais pas vraiment que le pays était en train de changer profondément. À mon retour de RDA, je sentais qu'il se passait quelque chose en Russie, mais ce n'est qu'au moment du putsch que tous mes idéaux, les buts que je m'étais fixés en entrant au KGB ont perdu tout leur sens. Ça a été incroyablement dur. J'avais passé la plus grande partie de ma vie dans les services. Mais mon choix était fait.

---

* *Directeur du KGB de 1988 à 1991 jusqu'à son arrestation pour sa participation au putsch d'août 1991.*

VLADIMIR TCHOUROV

Quelques mois après le putsch, la Maison de l'Instruction politique appartenant aux communistes a été léguée à la ville. Assez vite, le bâtiment a accueilli un centre d'affaires international. Mais les nouveaux leaders politiques ont été fair-play avec les communistes, ils leur ont laissé une partie du bâtiment. Le Parti communiste de la Fédération de Russie (KPRF), le Parti communiste des travailleurs et d'autres organisations communistes en occupaient une partie importante. Sur le toit, il y avait un porte-drapeau. Les communistes ont décidé d'en faire usage et ils ont accroché un drapeau rouge. À chaque fois que les dirigeants de la ville quittaient leurs bureaux au Smolny, ils voyaient ce drapeau. Il était aussi parfaitement visible depuis la fenêtre des bureaux de Sobtchak et de Poutine. C'était très agaçant, et Poutine a décidé de le faire enlever.

Il a donné l'ordre de le faire retirer. Le drapeau a été retiré. Mais le lendemain, les communistes en ont mis un autre. Poutine a de nouveau donné l'ordre de le faire enlever. Le drapeau a été enlevé. Ce petit jeu a duré un certain temps, et les communistes ont fini par manquer de drapeaux. Ils se sont mis à en accrocher de carrément vilains. L'un d'entre eux n'était même plus rouge, il virait au marron. Ça a définitivement énervé Poutine. Il a fini par faire venir une grue et il a fait scier ce porte-drapeau avec une lance à oxygène, sous sa supervision.

Quand avez-vous quitté le Parti communiste ?
Je ne l'ai pas quitté. Le Parti communiste d'URSS a cessé d'exister, alors j'ai pris ma carte du Parti et je l'ai rangée dans le tiroir de mon bureau. Elle y est toujours.

Comment l'année 1993 a-t-elle été vécue à Saint-Pétersbourg ?
À peu près comme à Moscou, sauf qu'il n'y a eu aucun coup de feu. Le maire siégeait déjà au Smolny et les députés, au Lensoviet.

Donc il y a eu à Saint-Pétersbourg un conflit similaire à celui qui a opposé Eltsine au Conseil suprême*?

Oui, mais ce qui est important, c'est qu'il n'y avait plus comme en 1991 de divisions au sein des forces de l'ordre. La direction du FSB, dont Victor Tcherkessov venait de prendre la tête, a dès le début affirmé son soutien au maire de Saint-Pétersbourg. Le FSB a pris un certain nombre de mesures pour intercepter les extrémistes qui voulaient organiser des actions de provocation et des attentats pour déstabiliser la situation. Et le conflit en est resté là.

— « *Ses émotions se sont desséchées* » —

MARINA IENTALTSEVA
SECRÉTAIRE DE POUTINE DE 1991 À 1996.

J'ai vu Vladimir Vladimirovitch pour la première fois à travers la porte vitrée d'un bureau. J'étais assise en face de celui-ci et je me remettais un peu de rouge à lèvres. Soudain, je l'ai vu sortir et marcher dans le couloir, lui, le nouveau directeur du Comité des affaires extérieures de la ville. Je me suis dit : « *C'est fini, c'est sûr que là, il ne me prendra pas pour le job.* » Mais finalement, tout s'est bien passé. Il a fait comme s'il n'avait rien remarqué, et moi, je ne me suis plus jamais mis de rouge à lèvres sur mon lieu de travail.

Je ne dirais pas qu'il était un patron sévère. Il n'y avait que la stupidité de certaines personnes qui pouvait le faire sortir de ses gonds. Oui, la stupidité. Mais il n'a jamais haussé le ton. Il pouvait être strict et exigeant sans jamais élever la voix. S'il donnait une tâche à accomplir, ça ne l'intéressait pas vraiment de savoir comment ça allait être fait, ni par qui, ni quel genre de problèmes ça pouvait poser. Il fallait que ça soit fait, un point c'est tout.

VLADIMIR TCHOUROV

En 1991, Sobtchak a décidé de créer un Comité des affaires extérieures de la ville. Vladimir Poutine en a pris la direction. À ce

* *Parlement*

moment-là, les échanges extérieurs de la ville étaient dans la même situation que dans tout le pays. Ils étaient dominés par de gigantesques entreprises d'État, comme Lenfintorg ou Lenvnechtorg. Les structures douanières, bancaires, les fonds d'investissement, la bourse… tout ça, ça n'existait pas.

Le comité devait créer au plus vite un cadre pour permettre une coopération avec l'Occident dans les conditions d'une économie de marché. La première chose qu'ils ont faite, c'est d'ouvrir à Saint-Pétersbourg des filiales de banques occidentales. Avec l'implication active de Poutine, les autorités ont permis l'implantation de la Dresdner Bank et de la Banque nationale de Paris.

L'administration de la ville voulait surtout attirer des investisseurs étrangers. Le Comité des affaires extérieures a donc créé des zones d'investissement spéciales, comme la zone « Parnass » ou celle des monts de Pulkovo. Elles existent toujours et se développent très bien.

Ils ont mis en place un schéma original proposant à un gros investisseur – Coca Cola – de s'implanter sur un terrain de la zone des monts de Pulkovo, d'y établir des infrastructures et des installations électriques suffisamment puissantes pour que d'autres entreprises puissent s'implanter à proximité. Et c'est comme ça que ça s'est passé. Une fois Coca Cola installé, Gillette, Wrigley ont suivi, ainsi que plusieurs grands groupes pharmaceutiques. Voilà comment toute une zone économique s'est développée au cœur de la ville. L'étendue des investissements y dépasse aujourd'hui le demi-milliard de dollars.

Par ailleurs, avec l'aide du Comité, les infrastructures de la ville ont commencé à être modernisées activement pour offrir de meilleures conditions au développement des affaires. Le premier projet soutenu personnellement par Poutine a été la finalisation de l'installation d'une fibre optique venue de Copenhague. Ce projet avait démarré à l'époque soviétique, mais il n'avait pas pu alors être mené à bien. Cette fois-ci, les efforts ont payé. Saint-Pétersbourg pouvait enfin bénéficier de communications téléphoniques internationales de classe mondiale.

Enfin, il y a eu un problème de personnel. Il n'y avait pas assez de spécialistes qui parlaient des langues étrangères. Avec le soutien de Sobtchak, Poutine a créé une faculté de relations internationales au sein de l'université de Saint-Pétersbourg. La première promotion a fait sa rentrée en 1994. Les premiers diplômés travaillent aujourd'hui pour notre comité, ainsi que dans d'autres structures.

La presse locale avait beaucoup parlé du scandale de l'approvisionnement en nourriture de la ville.* De quoi s'agissait-il ?
En 1992, tout le pays était confronté à une crise alimentaire. Leningrad devait faire face à beaucoup de difficultés. Alors, nos hommes d'affaires ont proposé le schéma suivant : les autorités de la ville les autorisaient à vendre des marchandises à l'étranger, essentiellement des matières premières. En échange, ils s'engageaient à importer des produits alimentaires. Nous n'avions pas d'autres options. Le Comité aux relations économiques extérieures de la mairie que je dirigeais a donc accepté cette proposition.

Nous avons obtenu l'autorisation du chef du gouvernement et rédigé les contrats. Le système se mettait en place. Les entreprises exportaient les matières premières. Bien entendu, elles s'occupaient de toute la paperasse, de tous les permis et les licences pour l'export. La douane ne laissait rien passer sans les documents nécessaires pour telle ou telle opération. À l'époque, des rumeurs ont circulé, comme quoi des métaux rares avaient été exportés sans autorisation. Mais pas un gramme de ces métaux n'a été exporté. Tout ce qui nécessitait une autorisation spéciale et qui ne l'avait pas était stoppé à la douane.

Malheureusement, certaines entreprises n'ont pas rempli la condition principale de l'accord. Elles n'ont pas fait venir de l'étranger les produits alimentaires qu'elles s'étaient engagées à importer. Ou elles en ont importé, mais en quantité insuffisante. Elles n'ont pas tenu leurs engagements auprès de la ville.

Une commission parlementaire a alors été créée, dirigée par Marina Salié. Elle a mené une enquête spéciale ?
Il n'y a presque pas eu d'enquête. Il ne pouvait pas y en avoir, puisqu'il n'y avait pas de raisons de poursuivre pénalement qui que ce soit.

---

* *Le fameux programme matières premières contre nourriture.*

Alors d'où vient toute cette histoire de corruption ?
Je pense qu'une partie des députés ont voulu utiliser ce scandale pour faire pression sur Sobtchak et le convaincre de me renvoyer.

Pourquoi ?
Parce que j'étais un ancien du KGB. Même s'il devait aussi y avoir d'autres raisons. Certains de ces députés travaillaient directement avec des entreprises qui comptaient se faire beaucoup d'argent sur les transactions et, n'ayant pas réussi à toucher leur part, ils ont trouvé ce méchant KGB-iste qui les empêchait de faire leurs petites affaires. Il fallait le chasser pour mettre un des leurs à sa place. Je pense que la ville n'a pas fait tout son possible pour régler cette affaire. Il aurait fallu travailler plus étroitement avec les forces de l'ordre et obtenir à coups de bâton de ces entreprises qu'elles tiennent leurs promesses. Mais les traîner en justice, ça n'avait aucun sens non plus. Elles pouvaient disparaître du jour au lendemain. Mettre la clef sous la porte et évacuer leurs marchandises. Et dans le fond, nous n'avions rien contre elles. Souvenez-vous de cette époque – des sociétés-écrans apparaissaient de partout, des pyramides financières étaient montées… comme la fameuse entreprise MMM…. Nous ne nous attendions pas à ça. Comprenez-moi bien, nous ne nous occupions pas de commerce. Le Comité aux relations économiques extérieures de la mairie de Saint-Pétersbourg ne faisait pas de business, il n'achetait rien et ne vendait rien. Ce n'était pas une structure de commerce extérieur.

Et l'octroi des licences ?
Eh bien justement ! Nous n'avions pas le droit d'en délivrer. Les licences étaient accordées par une des branches du ministère des Affaires étrangères chargée des relations économiques extérieures. Cette structure fédérale n'avait rien à voir avec l'administration de la ville.

SERGUEÏ ROLDOUGUINE

Volodia a beaucoup changé dès qu'il a commencé à travailler à la mairie. Nous nous voyions plus rarement. Il était très occupé. Il partait tôt de chez lui. Il rentrait dans la nuit. Et bien sûr, il était fatigué. Même quand nous faisions des barbecues à la datcha, il marchait le long de la palissade et pensait à autre chose. Il était ailleurs.

Il s'est plongé tout entier dans les affaires de Saint-Pétersbourg, et ses émotions se sont comme desséchées. En tout cas, c'est ce que j'ai ressenti. Il est devenu pragmatique.

MARINA IENTALTSEVA

Les Poutine avaient un chien, un berger caucasien. Il s'appelait Malich*. Il vivait à la datcha et passait son temps à creuser des trous sous la palissade pour s'enfuir. Un jour, il a réussi à s'échapper et il s'est fait renverser par une voiture. Loudmila Alexandrovna l'a ramassé, l'a amené à la clinique vétérinaire. Ensuite, elle a téléphoné au bureau et elle m'a demandé de transmettre à son mari que leur chien n'avait pas pu être sauvé.

Je suis entrée dans le bureau de Vladimir Vladimirovitch et je lui ai dit : « *Vous savez… Il s'est passé quelque chose… Malich est mort.* » Je l'ai regardé. Il n'y avait aucune émotion sur son visage. J'ai été tellement surprise par cette absence de réaction que je n'ai pas pu m'empêcher de lui demander : « *Quelqu'un vous l'a déjà annoncé ?* » Et lui, calmement : « *Non, vous êtes la première.* » Et là, j'ai compris que j'avais fait une sorte de gaffe.

En réalité, c'est un homme très émotionnel. Il sait juste masquer ses sentiments, quand il faut. Par ailleurs, il sait aussi se détendre.

— « *On a frôlé le sublime, il est temps de mettre les voiles* » —

Un jour, avec des amis, nous sommes allés voir un spectacle érotique à Hambourg. Ce n'était pas un simple spectacle érotique d'ailleurs, c'était plus qu'érotique… Mais nous étions avec nos femmes ! Ce sont mes amis qui ont insisté : « *Allez, emmène-nous quelque part voir quelque chose de ce genre.* » C'était la première fois qu'ils se retrouvaient à l'étranger. « *Ce n'est peut-être pas une bonne*

* *Bébé, bambin*

idée ? » ai-je dit. « *Si, si, nous en avons très envie, et puis nous sommes adultes après tout ! – Très bien, vous l'aurez cherché.* »
Nous sommes arrivés et nous nous sommes installés à une table. Le spectacle a commencé. Des danseurs d'origine afro-américaine sont sortis. Un grand noir bien costaud, qui devait faire un peu moins de deux mètres de haut, et une fille noire de toute petite taille. Ils se sont mis à se déshabiller doucement au rythme d'une musique agréable et là, ça a commencé. La femme de mon ami ne lâchait pas le couple des yeux, elle s'est levée de sa chaise et paf! Elle s'est évanouie. Heureusement que son mari l'a rattrapée au dernier moment, sinon elle se serait cogné la tête.

Nous lui avons fait reprendre ses esprits et nous l'avons accompagnée aux toilettes pour qu'elle se passe de l'eau sur le visage. Pendant que nous remontions au deuxième étage, le numéro des danseurs avait pris fin. En quittant la scène, ils sont passés juste devant elle, complètement nus. Elle les a vus et de nouveau – paf! Dans les pommes! Revenue à elle, elle s'est assise. Je lui ai demandé : « *Alors, ça va ?* » Elle m'a répondu en se cachant les yeux : « *J'ai dû manger quelque chose de pas frais. – Je sais exactement ce que tu as mangé. Viens, partons d'ici. – Non, ce n'est rien, tout va bien, ça va passer* », me dit-elle. Moi, j'insiste : « *Non, ça suffit, on a frôlé le sublime, il est temps de mettre les voiles.* »

À chaque fois qu'il y avait un problème, j'étais le gentil scout qui connaissait l'allemand et qui volait au secours de tout le monde. De plus, ce n'était pas la première fois que j'allais à Hambourg. Vous n'allez pas me croire, mais dans le cadre de mes fonctions, j'avais été chargé d'étudier leurs lieux de plaisir. À l'époque, nous tentions de mettre de l'ordre dans le business des salles de jeux à Saint-Pétersbourg. J'étais alors convaincu que les jeux de hasard devaient être une sphère d'activité entièrement contrôlée par l'État. Mais ma position allait déjà à l'encontre de la loi passée sur l'assouplissement du monopole. J'avais essayé de faire en sorte que l'État, représenté par la ville, mette en place un contrôle rigoureux sur la sphère du jeu.

Nous avons créé une entreprise municipale qui ne possédait aucun casino, mais qui contrôlait 51 % des parts des salles de jeu de la ville. Plusieurs représentants issus d'organes de contrôle comme le FSB, les services d'inspection du fisc[*] et des finances publiques ont été chargés de superviser les opérations. L'idée était que l'État, en tant qu'actionnaire principal, reçoive des dividendes sur ses 51 % d'actions. Résultat, c'était une erreur d'avoir voulu procéder de la sorte. Car nous pouvions avoir autant d'actions que nous voulions, tout échappait à notre contrôle. L'argent misé et gagné sur les tables de jeu était de l'argent liquide, facilement détourné.

Les propriétaires des casinos ne nous présentaient que des pertes. C'est-à-dire qu'au moment où nous comptions nos bénéfices et décidions à quoi l'argent récolté pourrait bien servir – au développement de la ville, au soutien de la sphère sociale –, eux nous riaient au nez et nous montraient leurs pertes. Une erreur classique pour des gens confrontés pour la première fois aux lois du marché.

Plus tard, en 1996, lors de la campagne électorale d'Anatoli Sobtchak, nos opposants politiques ont essayé de fouiller dans ces histoires de casinos pour nous accuser de corruption. Ils ont prétendu que la mairie gérait le business du jeu. C'était risible à lire. Tout ce que nous avons fait était d'une transparence absolue.

Il n'y a qu'un élément que nous puissions aujourd'hui remettre en question : la pertinence de notre stratégie d'un point de vue économique. Notre plan s'est avéré inefficace et nous n'avons pas réussi à atteindre le but visé. Il faut donc reconnaître que nous n'avions pas tout bien pensé jusqu'au bout. Mais si j'étais resté travailler à Piter, j'aurais fini par « presser le citron » de ces casinos. Je les aurais tous obligés à travailler pour le bien de la société et à partager leurs bénéfices avec la ville. Cet argent aurait servi aux retraités, aux professeurs et aux médecins.

— *« Avec un fracas spectaculaire »* —

VLADIMIR TCHOUROV

Nous avons eu un incident désagréable lors de la visite du vice-président américain Al Gore. Au moment où il était attendu à l'aéroport, un agent du consulat américain de Saint-Pétersbourg

---

[*] *En russe, « la police des impôts ».*

LE DÉMOCRATE

s'est comporté de façon grossière avec un des dirigeants de la ville. Je ne me souviens pas précisément de ce qu'il s'est passé, mais il me semble qu'il a bousculé un des chefs d'arrondissement. Après cet incident, Vladimir Poutine a émis un communiqué officiel indiquant que toutes les administrations de la ville refuseraient de recevoir cette personne. L'ambassadeur américain est venu en personne à Saint-Pétersbourg pour résoudre ce conflit. Au final, il a non seulement rappelé cet agent, mais aussi le consul général. Ainsi, Poutine a gagné le respect de tout le corps diplomatique américain.

Un deuxième incident diplomatique international a eu lieu à Hambourg en mars 1994. Le président estonien Lennart Meri qui, par ailleurs, connaissait bien Poutine et Sobtchak, s'est permis des attaques très grossières à l'encontre de la Russie dans son discours au sommet de l'Union européenne. Poutine se trouvait alors dans la salle en compagnie des diplomates russes. Après une énième remarque de Meri sur les « occupants », sous-entendu les Russes, Poutine n'a pas pu se retenir. Il s'est levé et il a quitté la salle. C'était très impressionnant. La conférence avait lieu dans le « Hall des chevaliers », une salle avec une hauteur de 10 mètres sous plafond, un sol en marbre... Et quand il est parti, chacun de ses pas retentissait dans le silence absolu de la conférence. Pour couronner le tout, l'énorme porte en fer forgé s'est claquée derrière lui avec un fracas spectaculaire. Poutine a raconté qu'il avait quand même essayé de la retenir, mais il n'y était pas arrivé. Par la suite, notre ministère des Affaires étrangères a approuvé cette sortie.

MARINA IENTALTSEVA

Ce qui m'a toujours étonnée, c'est sa façon de s'entretenir avec des dirigeants de haut rang, avec les membres des délégations étrangères. Il était si calme. Généralement, quand on parle à des grands chefs, on est plutôt timide, pas vraiment à l'aise. Mais Vladimir Vladimirovitch avait toujours la même aisance. J'en étais même jalouse et je me disais que j'aimerais bien apprendre à devenir comme lui.

J'ai été surprise quand son épouse m'a confié qu'il était en fait un homme assez timide et qu'il avait dû beaucoup travailler sur lui pour paraître à l'aise dans son rapport avec les gens.

Il était facile de lui parler. Même si au premier abord, il pouvait paraître très sérieux, nous pouvions toujours plaisanter. Un jour, il m'a dit par exemple : « *Téléphonez à Moscou et mettez-vous bien d'accord sur une heure précise pour le rendez-vous, je ne veux pas perdre je ne sais combien de temps à attendre à la réception.* » Je lui ai répondu : « *Oui, je vois bien, comme les gens qui attendent à notre réception pour vous rencontrer.* » Il m'a jeté un regard sévère, mais rusé. « *Marina !* »

Je m'entendais bien avec son épouse, Loudmila Alexandrovna. Nous étions en bons termes, nous nous parlions comme des amies. Je me souviens qu'un jour, j'étais chez eux, nous buvions du thé dans la cuisine. Vladimir Vladimirovitch a téléphoné. Elle lui a dit : « *Nous buvons du thé avec Marina.* » Il a sûrement dû lui demander avec quelle Marina, car elle a répondu : « *Avec quelle Marina ? Avec la tienne, pardi.* »

Nous sommes devenues encore plus proches après l'accident de voiture de Loudmila Alexandrovna.

— « *J'avais mal et je ressentais une fatigue immense* » —

En 1994, je participais aux négociations avec Ted Turner et Jane Fonda pour l'organisation des « Goodwill Games » à Saint-Pétersbourg[*]. Ils sont venus en personne, et je les accompagnais partout. Leur planning était très chargé.

Soudain, j'ai reçu un coup de fil de mon bureau. Ma secrétaire m'annonçait que Loudmila avait eu un accident. Je lui ai demandé : « *Est-ce que c'est grave ? – Non*, me dit-elle, *a priori, rien de bien sérieux, mais l'ambulance l'a amenée à l'hôpital au cas où.* » Je lui ai dit : « *Je vais essayer de m'échapper de ma réunion et aller sur place.* »

Quand je suis arrivé, j'ai parlé au médecin en chef. Il m'a rassuré : « *Ne vous inquiétez pas, il n'y a rien de grave. Nous allons lui mettre*

---

[*] « *Jeux de la bonne volonté* » – une rencontre sportive internationale, créée en 1986 par Ted Turner, grand patron de CNN, en marge des Jeux olympiques

une attelle pour un temps et tout rentrera dans l'ordre. » J'ai redemandé : « *Vous en êtes sûr ? – Absolument* », m'a-t-il dit. Alors je suis reparti.

LOUDMILA POUTINA

J'étais au volant de notre Jigouli et je suis passée au vert. Katia dormait sur la banquette arrière. Et tout d'un coup, une voiture qui fonçait à 80 km/h nous a percutées sur le côté. Je ne l'avais pas vu arriver. Je roulais tranquillement et je n'avais pas regardé sur ma droite. Je n'aurais même pas pu la distinguer, cette voiture. Elle a grillé le feu rouge et dépassé un autre véhicule qui était à l'arrêt. Nous avons eu de la chance. Car si elle n'avait pas percuté le côté droit, mais l'arrière ou l'avant, l'une d'entre nous aurait sûrement perdu la vie. J'ai perdu connaissance pendant une demi-heure, puis en revenant à moi, j'ai voulu redémarrer la voiture, mais j'ai vite compris que je ne pouvais pas. J'avais un peu mal et surtout je ressentais une fatigue immense. Quand les secours sont arrivés et qu'ils m'ont fait une piqûre de somnifère, je me souviens avoir pensé : « *Mon Dieu, je vais enfin pouvoir récupérer du temps de sommeil !* » Depuis plusieurs semaines avant l'accident, je n'avais pas réussi à bien dormir.

Ma première pensée a bien sûr été pour ma fille. J'ai de suite demandé : « *Comment va mon enfant ? Elle était assise à l'arrière.* » Rapidement, j'ai donné à quelqu'un le numéro de l'assistant de Volodia, Igor Ivanovitch Setchine. Je voulais qu'il vienne et qu'il récupère Katia. Tout se passait à trois minutes en voiture du Smolny. Une femme s'est particulièrement souciée de nous. Elle a appelé l'ambulance et téléphoné à Setchine. Elle s'est occupée de ma fille, elle a été là tout le temps. Elle a laissé son numéro de téléphone, mais il a dû se perdre dans la voiture. C'est tellement dommage. Depuis, j'ai toujours eu envie de pouvoir la remercier. Mais je n'ai plus son numéro, hélas.

L'ambulance a été appelée tout de suite, mais elle a mis 45 minutes à arriver. Après un premier examen sur place, les médecins ont d'abord diagnostiqué une fracture de la colonne vertébrale. Ils m'ont emmenée à l'hôpital. C'était un hôpital terrifiant. Il y avait surtout des mourants. Et plein de brancards avec des cadavres dans le couloir. Je m'en souviendrai toute ma vie. Cet hôpital portait le nom du « 25ᵉ anniversaire d'octobre ».

Je n'avais pas osé demander aux ambulanciers de m'emmener directement à l'Académie médicale militaire, chez Iouri Leonidovitch Chevtchenko. Alors ils m'ont conduite dans cet hôpital de garde. Les blessés graves étaient généralement emmenés là-bas. Et si j'y étais restée, j'y serais sûrement morte. D'abord, parce qu'ils n'avaient pas l'intention de m'opérer de la colonne, je présume qu'ils ne savaient tout simplement pas le faire. Ensuite, parce qu'ils n'ont pas remarqué que j'avais aussi une fracture de la base du crâne. Au mieux, j'aurais eu une méningite post-traumatique, suivie d'un décès certain.

MARINA IENTALTSEVA

Une femme a téléphoné au bureau : « *Je vous appelle de la part de Loudmila Alexandrovna. Elle a eu un accident. Elle m'a demandé de vous prévenir.* » Que faire dans cette situation ? Vladimir Vladimirovitch n'était pas sur place, il était en pleins pourparlers. Nous avons pris la voiture de l'un de ses adjoints. Nous avons récupéré Katioucha. Nous l'avons emmenée au Smolny. Je lui ai demandé : « *Katenka, que s'est-il passé ?* » Elle m'a répondu : « *Je ne sais pas, je dormais.* » Elle était allongée sur la banquette arrière et elle a dû tomber et se cogner au moment du choc. La première chose à laquelle j'ai pensé, c'est que Loudmila Alexandrovna était entre de bonnes mains, prise en charge par des médecins. Je me suis dit qu'il fallait aussi montrer la fillette à un médecin, car elle était un peu abasourdie et elle avait un bleu. Nous sommes allées voir le médecin toutes les deux, sur place, au Smolny. Il nous a conseillé d'aller voir un pédiatre.

Nous sommes alors allées à l'institut de pédiatrie voir un neurologue pour déterminer si elle n'avait pas eu de traumatisme crânien. Il ne nous a rien dit de précis à ce sujet, mais il a juste insisté sur le fait qu'il lui fallait du repos. Il lui a demandé ce qui s'était passé, mais elle n'arrivait pas à raconter. Elle était sûrement en état de choc.

Le chauffeur qui a ramené Katia a dit que Loudmila Alexandrovna était consciente quand l'ambulance l'a emmenée. Ça m'a rassurée : « *Tant mieux, rien de grave* », me suis-je dit. Puis j'ai téléphoné à l'hôpital pour connaître le diagnostic. Ils ne m'ont parlé ni de la fracture de la boîte crânienne ni de la colonne vertébrale. Mais nous avions tout de même des doutes. Vladimir Vladimirovitch m'a demandé d'appeler Iouri Leonidovitch Chevtchenko de l'Académie médicale militaire. J'ai appelé, il n'y avait personne. J'ai réessayé une fois, trois, quatre, cinq – toujours rien. Tard dans la soirée, j'ai réussi à le joindre. Il a tout de suite envoyé ses chirurgiens pour qu'ils transfèrent Loudmila Alexandrovna dans sa clinique. Ils sont venus la récupérer et l'ont emmenée.

Donc, le docteur Chevtchenko, l'actuel ministre de la Santé, ne vous est pas étranger ?

Non, mais nous n'avons jamais été particulièrement proches, même après cette histoire. C'est juste un très bon médecin. Il y a quatre ans, en 1996, lors de la première guerre de Tchétchénie, il a réussi à extraire une balle du cœur d'un soldat. La balle s'est logée dans le myocarde. Le soldat a survécu. Chevtchenko continue d'opérer même aujourd'hui. Il se rend à Saint-Pétersbourg tous les week-ends pour des opérations. C'est un vrai médecin.

LOUDMILA POUTINA

Valeri Evguenievitch Parfenov m'a emmenée à la clinique. Il m'a sauvé la vie en me récupérant directement au bloc opératoire. J'avais aussi une oreille déchirée et ils avaient décidé de m'opérer. Ils me l'ont recousue, puis ils m'ont laissée seule sur la table d'opération, complètement nue dans une salle glaciale, dans un horrible état de semi-conscience. Lorsque Valeri Evguenievitch est arrivé, ils lui ont dit : « *Elle n'a besoin de rien, on vient juste de l'opérer, tout va bien.* » Mais il est quand même entré dans le bloc opératoire. J'ai ouvert les yeux et j'ai vu devant moi un officier. Il a pris ma main. Sa main était très chaude. Ça m'a de suite réconfortée et j'ai compris que j'étais sauvée.

Une fois à la clinique de l'Académie militaire de médecine, ils m'ont fait une radio et m'ont dit qu'il fallait opérer d'urgence la colonne vertébrale.

MARINA IENTALTSEVA

Loudmila Alexandrovna habitait avec les enfants dans une datcha de fonction en dehors de la ville. Machenka était encore à l'école. Quand l'accident est arrivé, Katia et sa maman se rendaient précisément dans cette école. Il devait y avoir une sorte de spectacle. Katioucha ne s'était pas sentie très bien le matin et n'était pas partie. Mais ensuite, elle a changé d'avis et elle a demandé à y aller. Et voilà qu'il fallait récupérer Macha à l'école, et décider de ce qu'on allait faire avec les enfants.

J'ai proposé à Vladimir Vladimirovitch : «*Et si on emmenait les fillettes chez ma mère ?*» Il a répondu : «*Non, ce n'est pas très convenable… En revanche, si vous acceptiez de rester avec elles pour la nuit à la maison, je vous en serais très reconnaissant.*» J'ai dit : «*Très bien.*» Sur le chemin de la datcha, nous sommes passés devant l'hôpital où était Loudmila Alexandrovna. J'ai vu la voiture de Vladimir Vladimirovitch garée devant. J'ai demandé à ce qu'on s'arrête, je suis sortie et je lui ai dit : «*Les filles sont dans la voiture.*» Il est allé les voir, et moi, je suis entrée dans l'hôpital. Ils n'auraient pas laissé entrer les petites de toute façon.

Loudmila Alexandrovna venait tout juste d'être opérée. Elle était consciente, et la première chose dont elle s'est souciée, c'était de savoir si on avait pensé à prendre des vêtements chauds pour les filles. Il s'était mis à faire très froid ce jour-là, et il n'y avait pas assez d'habits chauds à la datcha.

Nous nous apprêtions à repartir quand Vladimir Vladimirovitch a dit qu'il allait essayer de nous rejoindre après le travail, mais rien de sûr, car il avait des rendez-vous jusqu'à tard dans la nuit. Le chauffeur nous a déposées et il est reparti. Mais il a oublié de nous dire comment allumer le chauffage dans la maison. Il faisait un froid terrible. Les filles se sont bien comportées. Dès notre arrivée, elles m'ont aidée : «*Madame Marina, les couvertures sont là, les draps*

sont ici... » Elles n'étaient pas effrayées et elles ne pleuraient pas dans leur coin. Elles essayaient de se rendre utiles.
Les filles comprenaient que c'était sérieux. Quand elles ont vu la voiture de leur père en allant à la datcha, elles ont tout de suite demandé : « *C'est ici que maman est hospitalisée ?* » Comment pouvaient-elles savoir que le nouvel hôpital se trouvait là ? Nous ne leur avions pas dit que leur mère avait été transférée à l'Académie, pour ne pas les inquiéter.
J'ai couché les fillettes dans le même lit pour qu'elles aient plus chaud. Et soudain, à 3 heures du matin, j'ai entendu frapper à la porte. J'ai eu peur, car à part nous trois, il n'y avait personne dans la maison. C'était Vladimir Vladimirovitch qui arrivait après avoir enfin terminé avec Turner. Il a tout de suite branché le chauffage, et la maison s'est vite réchauffée.
Je ne l'avais jamais vu comme ça avant. Je ne dirais pas qu'il n'était pas dans son assiette, qu'il était déboussolé, perdu, qu'il ne savait pas où aller... Non, ce n'était pas ça. Je sentais qu'il élaborait un plan dans sa tête. Mais tout de même, je n'avais jamais vu Vladimir Vladimirovitch dans cet état.
Il était arrivé à 3 heures du matin et il est reparti à 7 heures. Moi, je suis restée avec les filles jusqu'au soir, jusqu'à ce que leur grand-mère, Ekaterina Tikhonova, la mère de Loudmila Alexandrovna, arrive de Kaliningrad.

Comment a-t-elle appris la nouvelle ?
Je lui ai envoyé un télégramme. Je me suis dit que Loudmila Alexandrovna allait sûrement me gronder, mais je l'ai fait quand même, avec l'accord de Vladimir Vladimirovitch. J'ai demandé à sa mère de venir. Les enfants sont restées avec elle pendant que Loudmila Alexandrovna était à l'hôpital.

Elle a mis du temps à se remettre ?
Elle est restée à l'hôpital un mois et demi, peut-être même deux. Ils ont aussi découvert une fracture au niveau de la boîte crânienne. Ça inquiétait beaucoup plus les médecins que la fracture vertébrale.

LOUDMILA POUTINA

Après mon opération du dos, j'étais toujours en soins intensifs et je n'arrêtais pas de dire aux médecins que je sentais ma mâchoire bouger. Eux, ils plaisantaient : « *Ce n'est pas grave, on vous en mettra bientôt une toute neuve.* » Puis un des chirurgiens qui m'avait opérée a fini par y prêter attention. Il m'a fait faire une nouvelle radio, au cas où. Et c'est là qu'ils ont remarqué une fracture de la base crânienne. Ils m'ont opérée de nouveau. Je réalise aujourd'hui que les médecins avaient de sérieux doutes quant à la réussite de cette intervention.

Je n'avais pratiquement pas de chances de m'en sortir, mais je l'ai fait. Je regrette juste qu'ils m'aient ouvert le cou des deux côtés, devant et derrière. Avant ça, j'avais plutôt un joli cou.

Vous avez eu peur quand ils vous ont annoncé le diagnostic ?

Non, pas vraiment. J'étais en réanimation et je n'étais qu'à moitié consciente. Mais j'avais vraiment de la peine pour mon cou. Je me suis mise à pleurer. Quand Valeri Evguenievitch, le chirurgien, a appris pour quelle raison je pleurais, il m'a dit : « *Quelle petite sotte ! Elle a la colonne vertébrale et le crâne fracturés et elle pleure pour son cou !* » Et moi, je pleurais. J'avais peur que les cicatrices se voient. Mais finalement, elles n'étaient pas si visibles que ça.

MARINA IENTALTSEVA

À l'hôpital, elle était dans une chambre avec quatre autres patients. Elle y est restée jusqu'à ce que la fracture au niveau du crâne ne se referme. Vladimir Vladimirovitch, les filles et moi venions tout le temps lui rendre visite.

LOUDMILA POUTINA

Quand je suis sortie de l'hôpital, j'ai passé mes deux premières semaines à me traîner dans l'appartement. Je me suis mise à faire des choses petit à petit. Mais j'ai quand même mis deux-trois ans à reprendre une vie normale. Quelques mois après ma sortie, nous sommes partis en Espagne en famille. Tous se reposaient, et moi, je me remettais.

— « C'est plus sûr avec un fusil » —

SERGUEÏ ROLDOUGUINE

Un jour, Volodia est venu me voir à la datcha avec son chauffeur. Nous avons discutés un peu, puis nous sommes partis nous coucher. Et là, je l'ai vu sortir un fusil à pompe et le placer à côté de lui. Il faut croire qu'il commençait à avoir des problèmes. Je lui ai dit : *« Vovka, tu n'es pas sérieux, tu crois que ça va te sauver ? »* Il m'a répondu : *« Me sauver peut-être pas, mais avec ça, je suis plus tranquille. »*
Ça s'est passé pendant sa dernière année de travail à la mairie, au moment où commençait la campagne électorale de Sobtchak.

Dès le départ, il était clair que les élections de 1996 seraient très compliquées. Je le sentais et j'ai mis en garde Anatoli Alexandrovitch en lui disant que ces élections allaient être rudes.

En 1992, c'est moi qui ai joué un rôle déterminant dans l'élection au suffrage universel de Sobtchak en tant que premier maire de la ville. J'avais réussi à convaincre de nombreux députés qu'il fallait à Saint-Pétersbourg comme à Moscou créer une fonction de maire. De plus, Sobtchak, en tant que président du Soviet de Leningrad, pouvait être destitué à tout moment par ces mêmes députés. Il a donc fini par accepter la création d'un tel poste, mais il n'était pas sûr que la proposition passerait. Ses relations avec la grande majorité des députés du Lensoviet étaient conflictuelles. Mais sa popularité était si grande que les députés comprenaient bien que s'ils votaient pour la création de la fonction de maire, c'est Sobtchak qui serait élu. Et ils n'en avaient pas envie. Ça les arrangeait bien de tenir Sobtchak en lisière. J'ai tout de même réussi à les persuader que cette élection serait bonne pour la ville. J'ai aussi convaincu les chefs de plusieurs arrondissements. Certes, ils n'avaient pas de droit de vote, mais ils pouvaient influencer leurs députés.

Finalement, la décision de créer le poste de maire a été votée par le Lensoviet, et c'est passé à une voix près.

Quatre ans plus tard, il était devenu clair que pour remporter une victoire aux municipales, il allait nous falloir des managers de campagne professionnels, des technologues et pas seulement un type capable d'amadouer quelques députés. C'était un autre niveau de jeu.

Vous donniez des conseils à Sobtchak sur la façon de mener campagne ?
Je lui ai dit dès le départ : « *Vous savez, désormais le niveau est bien différent, il va vous falloir des spécialistes.* » Il était d'accord, mais ensuite, il a décidé de superviser la campagne lui-même.

Présomptueux ?
Difficile à dire. Vous savez, une campagne, des spécialistes, tout ça, ça représente beaucoup d'argent. Nous n'en avions pas. Sobtchak a été traîné en justice, poursuivi durant des années rien que pour son appartement qu'il aurait prétendument acheté aux frais de la ville. Mais en fait, il n'avait pas d'argent, ni pour un appartement ni pour une campagne électorale. Et il ne nous est pas venu à l'esprit de prélever dans les caisses du budget de la ville pour trouver les sommes nécessaires.

Yakovlev, lui, a eu tous les fonds dont il avait besoin. Tout pour le compte de Moscou. Il était soutenu par les mêmes personnes qui ont mené une campagne de diffamation contre Sobtchak.

Korjakov était parmi les opposants actifs à l'époque...
Oui, et d'après nos informations, Soskovets en était également. Puis les forces de l'ordre et agences de sécurité se sont impliquées. Elles ont toutes joué un sale jeu.

À peu près un an et demi avant les élections, une commission formée par les directions de trois instances – FSB, ministère de l'Intérieur et parquet – est venue de Moscou. Elle a ouvert plusieurs enquêtes criminelles, et Sobtchak fut cité comme témoin pour deux d'entre elles. Lorsque la campagne électorale a démarré, une requête a été envoyée au procureur général pour savoir si Sobtchak était oui ou non mêlé à ces crimes. La réponse a été affirmative, mais elle ne précisait pas qu'il n'était que témoin dans les affaires en question. Cette réponse a été imprimée sur des tracts lâchés ensuite sur la ville depuis un hélicoptère. Voilà un exemple d'intrusion directe des services de sécurité dans la lutte politique.

Sobtchak a décidé de diriger lui-même son QG de campagne.

Puis son épouse Loudmila Borissovna s'est jointe à lui. Il a annoncé que c'est elle qui en prendrait les rênes. Mais nous avons réussi à les en dissuader, car certains au sein de l'équipe, des gens dont nous avions besoin, ne voulaient pas lui obéir. Résultat, nous avons perdu un temps fou à décider qui allait diriger cette campagne.

Avant le premier tour, avec Alexei Koudrine qui était aussi adjoint de Sobtchak, nous avons décidé de nous impliquer. Mais Sobtchak m'a demandé de continuer à m'occuper de la ville. Il fallait bien que quelqu'un reste aux commandes et gère cette métropole de 5 millions d'habitants. À la dernière minute, entre le premier et le deuxième tour, nous avons refait une nouvelle tentative avec Koudrine. Mais ça n'a pas servi à grand-chose. Nous avons bien foiré ces élections.

— *« Bref, j'ai décidé de partir »* —

Après la défaite, je suis resté encore un temps dans mon bureau au Smolny. C'était le deuxième tour de l'élection présidentielle, et je travaillais pour le QG de campagne du parti d'Eltsine à Saint-Pétersbourg. Notre nouveau patron, le maire élu de Saint-Pétersbourg Vladimir Yakovlev, ne m'avait pas licencié, mais dès que la présidentielle fut finie, il me pria sans ambages de débarrasser le plancher. En plus, j'avais déjà décliné sa proposition de garder mon poste en tant qu'adjoint au maire. Ses hommes étaient venus me le proposer. Pour moi, c'était impossible de travailler pour Yakovlev, et je le lui ai dit. D'autant plus que durant la campagne, j'ai été à l'origine d'une déclaration commune des employés de la mairie annonçant qu'en cas de défaite de Sobtchak, tous quitteraient le Smolny. Il était très important de faire cette déclaration, de se montrer solidaires pour que tous ceux qui travaillaient dans l'administration comprennent qu'une défaite d'Anatoli Alexandrovitch serait aussi notre défaite. C'est toujours un bon moyen de stimuler les gens pour qu'ils se mettent au travail.

Nous avons organisé une conférence de presse pour lire cette déclaration. Donc, après ça, rester à la mairie aurait été indécent.

Sans parler du fait qu'au cours de la campagne électorale, j'avais ouvertement critiqué Yakovlev à plusieurs reprises. Je ne me souviens plus très bien du contexte, mais dans une interview à la télévision, je l'avais même traité de Judas. Le mot m'avait semblé approprié à ce moment-là et je l'ai utilisé.

Après ça, nos relations avec Yakovlev n'en sont pas devenues meilleures. Bizarrement, elles ne se sont pas détériorées non plus. Mais je ne pouvais pas rester. Comme de nombreux autres collègues d'ailleurs.

Je me souviens que Micha Manevitch* est venu me voir et il m'a dit : « *Écoute, j'ai besoin de ton conseil. Yakovlev me propose de rester en tant qu'adjoint au maire.* » Je lui ai répondu : « *Micha, reste bien sûr.* » Et lui : « *Mais nous étions tous d'accord pour partir.* » Et moi : « *Micha, voyons, c'était une stratégie de campagne, nous étions obligés de le dire. Mais désormais, à qui on va laisser tout ça ? La ville a besoin de professionnels.* » Et j'ai réussi à le convaincre.

Micha était un garçon remarquable. Je regrette tant qu'il ait été assassiné. C'est d'une telle injustice ! Qui dérangeait-il ? C'est incompréhensible. Il était délicat, intelligent, flexible dans le bon sens du terme. C'était un homme de principes, il ne cherchait pas à être arrangeant avec tout le monde, il ne fonçait jamais à l'aveuglette. Il cherchait toujours des solutions acceptables par tous. Je ne comprends toujours pas comment ça a pu lui arriver.

À part Micha, j'ai réussi à convaincre quelques autres collègues de rester. Dima Kozak**, qui était en tête de la direction juridique, avait déjà écrit sa lettre de démission, mais je l'ai convaincu de rester, et il est resté. Beaucoup d'autres ont tout de même quitté le Smolny, et pas que des gens de la direction.

---

* *Mikhaïl Manevitch, économiste et fonctionnaire de la mairie de Saint-Pétersbourg, dirige dès 1994 le Comité de la gestion des biens publics de la ville. En 1996, il devient adjoint au maire. Il est assassiné en 1997 à bord de sa voiture de fonction. L'enquête conclut en 2006 à un meurtre crapuleux lié aux bandes organisées de Saint-Pétersbourg*

** *Dmitri Kozak a été procureur général de Leningrad, puis après la chute de l'Union soviétique, il a occupé différents postes dans l'administration municipale de Saint-Pétersbourg. En 1998, il devient vice-gouverneur de la ville. En 1999, il entre au gouvernement de Vladimir Poutine, alors Premier ministre. C'est un ami, un fidèle de longue date du chef de l'État russe. Il a chapeauté les J.O. de Sotchi. Actuellement, il est vice-Premier ministre du gouvernement de la Fédération de Russie*

MARINA IENTALTSEVA

J'ai rédigé ma lettre de démission lors du dernier jour de travail de Vladimir Vladimirovitch au Smolny. Je partais pour nulle part. Je n'avais aucun plan B. Travailler avec Poutine avait été très difficile, mais passionnant. C'est toujours intéressant de travailler avec les gens intelligents. Et je ne m'imaginais pas travailler avec quelqu'un d'autre. Vladimir Vladimirovitch comprenait dans quel état d'esprit j'étais, et ce, bien avant que je démissionne. Il avait essayé de me persuader de rester : « *Marina, pourquoi avez-vous décidé de partir ? Attendez un peu, ne partez pas.* » Il m'a dit qu'il ne savait pas où il allait travailler par la suite et qu'il n'était pas sûr de pouvoir me proposer un autre travail. Je lui ai répondu : « *Peu importe que vous ayez quelque chose à me proposer ou non, je ne resterai pas travailler ici.* » Quand je lui ai apporté ma lettre de démission, j'avais les larmes aux yeux. Il l'a remarqué et il a essayé de me consoler : « *Marinotchka, ne soyez pas si triste.* » J'ai essayé de me ressaisir : « *Oui, excusez-moi, je ne recommencerai plus.* » Et lui : « *Allez, ne le prenez pas mal, s'il vous plaît.* » Ça a été très dur à vivre. J'étais triste, car une période importante et signifiante de ma vie prenait fin. Et malgré tout, j'étais absolument convaincue que tout irait bien pour Vladimir Vladimirovitch. Quelqu'un aurait bientôt besoin d'un homme aussi intelligent que lui.

En juillet, avec ma famille, nous nous sommes installés à la datcha, une maison que j'ai mis plusieurs années à construire. Nous vivions dans l'attente. J'étais un homme « si courtisé » qu'on allait sûrement m'appeler pour m'offrir un poste quelque part. Anatoli Alexandrovitch m'avait affirmé avec certitude que j'allais être nommé ambassadeur. Il en avait parlé avec Primakov : « *J'ai parlé au ministre, tu seras ambassadeur* », m'avait-il dit. Moi, j'en doutais fort bien sûr, mais je n'osais pas lui dire : « *Anatoli Alexandrovitch, c'est des foutaises, vous comme moi, nous avons autant de chances de devenir ambassadeurs que de décrocher la lune.* » Et j'avais raison.

« Sobtchak, c'était un vrai »

Anatoli Alexandrovitch était un homme plein d'émotions. Il a toujours aimé être au centre de l'attention, il aimait qu'on parle de lui. Il me semble même que ça lui était égal que cela soit en bien ou en mal.

À ses débuts au Lensoviet, il s'est permis quelques déclarations très rudes à l'encontre de l'armée. Il a traité les généraux de têtes de cons, alors qu'en fait, il ne le pensait pas du tout. Moi, je le sais. Sobtchak n'avait pas une mauvaise opinion de l'armée. Il avait dit ça comme ça, il s'était emporté sur le moment. Il lui semblait que la grande majorité des gens pensait ça, alors il sortait ce genre de phrases. C'était une erreur. Les généraux ne pouvaient pas le supporter. Un jour, il y avait une réunion prévue avec le corps militaire. Sobtchak était lui-même membre du conseil militaire du district de Leningrad, et cette réunion était inscrite dans son planning. Et voilà qu'Alla Borissovna Pougatcheva[*] arrivait en ville pour un concert ! Il m'a dit : « *Écoute, téléphone aux généraux et dis-leur que je ne viendrai pas.* » Il avait très envie d'aller accueillir Alla Borissovna. Les généraux s'étant réunis à cause de lui, c'était vraiment gênant, ils allaient se vexer. Je lui ai dit : « *Il faut y aller.* – Dis-leur que je suis tombé malade ! » Et il est parti à l'aéroport accueillir Mme Pougatcheva.

Je téléphone au commandant : « *Vous savez, Anatoli Alexandrovitch ne pourra pas venir, il est tombé malade. – Ah oui ? Bon… Merci de nous avoir prévenus.* » Deux semaines plus tard, je croise ce commandant, et il me dit, très vexé : « *Alors comme ça, il est tombé malade ?* » En fait, il avait vu Sobtchak à la télévision accueillir Pougatcheva, puis l'accompagner à son concert. Ensuite, il a mal parlé d'Alla Borissovna, qui pourtant n'était pour rien dans cette histoire : « *Ça, pour aller chercher ces…, il trouve du temps, il arrive à surmonter sa maladie. Mais pour s'occuper des affaires de l'État, du temps, il n'en a pas !* »

Quand Sobtchak partait pour Paris, où étiez-vous ?
À Saint-Pétersbourg, même si je travaillais déjà à Moscou.

---

[*] Chanteuse et actrice russe extrêmement populaire en Russie et dans les pays de l'ancien bloc soviétique.

Racontez-nous.
Raconter quoi ?

Eh bien, l'histoire alambiquée de son départ...
Il n'y avait rien d'alambiqué. J'étais à Piter, je l'ai vu. Je suis allé lui rendre visite à l'hôpital.

Vous avez fait tout le chemin depuis Moscou juste pour lui dire au revoir ?
Non, ce n'était pas pour lui dire au revoir. Je suis allé le voir à l'hôpital, c'est tout. Il était dans une clinique de cardiologie, puis le directeur de l'Académie militaire de médecine, Iouri Chevtchenko, l'a fait transférer dans son service.
Et le 7 novembre, des amis à lui, des Finlandais je crois, ont fait affréter un avion sanitaire pour l'évacuer vers un hôpital en France.

Alors ça s'est passé aussi simplement ? Personne n'a rien organisé, et un avion est arrivé comme ça ?
Oui, des amis ont affrété un avion. Comme on était le 7 novembre, un jour de fête nationale*, son absence de Saint-Pétersbourg n'a été remarquée que le 10.

De l'extérieur, ça ressemble plutôt à une opération spéciale organisée par un professionnel.
Mais non, voyons ! Il n'y avait rien de bien spécial là-dedans. Les journaux ont écrit qu'il était passé sans contrôles. Ce n'est pas vrai, il a passé tous les contrôles, et la douane et la frontière. Tout s'est fait dans les règles. Ses papiers ont été tamponnés et lui placé à bord de l'avion. C'est tout.

Chapeau... ! Par ailleurs, il aurait pu se faire arrêter, non ?
Oui peut-être, mais je ne vois pas bien pour quelle raison.

À ce jour, vous ne savez toujours pas pourquoi ?
Non, pourquoi dites-vous ça ? Je sais justement qu'il n'y avait aucune raison de l'arrêter. Il a été accusé de magouilles dans cette

* *Anniversaire de la Révolution de 1917*

sombre histoire d'appartement. Une enquête avait été ouverte, mais elle est tombée à l'eau. Ils en ont eu après Sobtchak pendant quatre ans, puis le pauvre, ils l'ont traqué dans toute l'Europe.

Vous êtes-vous personnellement impliqué dans cette histoire ?
Non, à vrai dire, je n'en connaissais même pas les détails. Ce n'est qu'après que j'ai voulu en savoir plus, juste pour moi.

Ce qui vous intéressait, c'était de mener votre petite enquête pour comprendre avec qui vous avez travaillé ? Ou vous n'aviez pas de doutes du tout sur lui ?
Vous savez, j'étais absolument persuadé qu'il était honnête à 100 %, car j'ai eu affaire à lui pendant plusieurs années. C'est simple : je sais comment il pense, à quoi il pense, ce qui a de la valeur à ses yeux, ce qui n'en a pas, de quoi il est capable ou non. Vous vous souvenez dans le film *Le Glaive et le Bouclier*, l'épisode où ils essayent de faire parler l'officier russe ? On lui dit : « *Vous croyez qu'on va vous laisser mourir en héros ? Une photographie de vous en uniforme allemand a déjà été publiée. Voilà, vous êtes un traître.* » Notre officier a saisi une chaise et a essayé de frapper celui qui voulait le faire parler. L'autre l'a abattu et a dit : « *Oui, c'était dès le départ une mauvaise idée. Ça ne servait pas à grand-chose de le faire chanter. La réputation de cet officier est sûrement irréprochable dans son pays.* » C'est la même chose avec Sobtchak. C'est un homme honnête à la réputation irréprochable. Plus encore : il est brillant, ouvert et talentueux. Même si nous étions très différents, il m'était vraiment sympathique. J'aime profondément les gens comme lui. C'est un vrai !

Peu de gens savent qu'Anatoli Alexandrovitch et moi étions de proches camarades, que nous avions une relation de grande confiance mutuelle. Nous passions surtout beaucoup de temps à discuter lors de nos déplacements à l'étranger, quand nous nous retrouvions quasi en tête à tête pour quelques jours. Je crois pouvoir dire qu'il est mon ami et mon mentor.[*]

---

[*] Note des auteurs : cette conversation a eu lieu 2 jours avant le décès tragique d'Anatoli Sobtchak, mort le 19 ou 20 février 2000 dans la ville de Svetlogorsk des suites d'une crise cardiaque.

— « *Tout a brûlé de fond en comble* » —

LOUDMILA POUTINA
Cet été-là, celui de 1996, juste après les élections, nous avons déménagé à la campagne, dans cette datcha que nous avons mis six ans à construire. Elle se trouvait à peu près à 100 km de Piter. Nous y sommes restés un mois et demi. Nous passions notre temps à coudre des rideaux, nettoyer, aménager la maison, placer les meubles. Une fois que nous avons fait tout ça, la maison a brûlé. C'est une histoire ennuyeuse. La maison a brûlé de fond en comble.

MARINA IENTALTSEVA
Nous sommes partis en voiture à la datcha des Poutine. Ils venaient tout juste de la faire construire. Nous ne sommes pas venus de bonne heure, mais plutôt en fin de journée. Mon mari et moi voulions rentrer le jour même, mais Vladimir Vladimirovitch et Loudmila Alexandrovna ont insisté : « *Mais non, restez, nous allons faire un bania*, nous allons nous chauffer un peu.* » Leur filles s'y sont mises aussi : « *On veut que Svetoulia reste.* » Svetoulia, c'est notre fille.

La maison était en briques, mais à l'intérieur, il y avait un coffrage en bois. Ce jour-là, j'étais à la datcha avec ma femme et mes enfants, nous venions de nous installer. Ma secrétaire Marina Ientaltseva était venue nous rejoindre avec son mari et sa fille. Nous, les hommes, nous sommes allés au sauna, qui était au premier étage de la maison. Nous avons bien transpiré. Ensuite, nous sommes allés piquer une tête dans la rivière, puis nous sommes revenus dans la salle de repos du sauna. Et d'un coup, j'ai entendu comme un craquement. J'ai vu de la fumée, puis le feu est apparu tout d'un coup ! J'ai pris ma voix de chef et j'ai hurlé, ordonnant à tout le monde de quitter la maison. Le sauna était en train de brûler.

Katia était dans la cuisine en train de manger quelque chose. Elle a été la plus disciplinée de tous. Lorsque j'ai crié : « *Tout le monde*

* *Sauna russe*

dehors ! », elle a posé sa cuillère sur la table et elle est sortie immédiatement sans même demander pourquoi. Ensuite, elle a tout observé depuis la rue. Moi, j'ai couru au deuxième étage.

MARINA IENTALTSEVA

Nous étions déjà parties coucher les filles. Katia était encore en bas, Macha en train de se mettre au lit. Ma Svetoulia montait au premier, et Loudmila Alexandrovna était aussi en haut. Ils avaient une maison de deux étages. Je ne dirais pas que c'était une grande maison. Un escalier central au milieu et des chambres de chaque côté. C'était la première fois que j'étais dans cette maison. Quand le sauna a pris feu, l'électricité a été coupée. Sûrement un court-circuit. C'est devenu très sombre.
J'ai de suite senti le monoxyde de carbone et j'ai été un peu déconcertée. Là, Vladimir Vladimirovitch a crié : *« Tous dehors ! »* ou quelque chose dans le genre. Mais moi, je n'arrivais pas à trouver mon chemin !
Et puis il n'y avait pas encore de flammes. Que de la fumée et cette odeur de carbone. J'étouffais. C'était le noir total. Je me suis mise à courir dans tous les sens. Ils me criaient d'en bas : « *Marina, descends !* » Moi, je leur ai répondu : « *Je n'y vois rien, je n'arrive pas à trouver la sortie.* » C'est la dernière chose que j'ai dite. À quatre pattes, je cherchais l'escalier des mains. J'ai pensé : il doit bien être quelque part cet escalier. Il s'est avéré par la suite que je suis passée devant en rampant. Je me suis retrouvée dans l'autre chambre.

Il y avait tellement de fumée dans la maison qu'on ne voyait pas l'escalier. Marina et Macha, ma fille aînée, étaient au deuxième étage, elles s'agitaient sans savoir vers où courir, sans se voir l'une l'autre. J'ai pris Macha par la main et je l'ai sortie sur le balcon. Puis, j'ai attrapé les draps qui étaient sur le lit, je les ai noués entre eux, les ai attachés au grillage du balcon et j'ai dit à Macha : *« Descends. »* Elle était effrayée : *« Je ne descendrai pas, j'ai peur ! »* Je l'ai menacée : *« Je vais t'attraper comme un petit chiot et te balancer d'ici ! Tu ne comprends pas que la maison va brûler, là ?!* » Je l'ai saisie par le col, je l'ai passée par-dessus la grille, et les autres l'ont réceptionnée en bas.

MARINA IENTALTSEVA

Soudain, ma main a touché celle de Vladimir Vladimirovitch. Il était monté à l'étage. C'est lui qui m'a poussée sur le balcon. Et là, tout a pris feu. D'abord, il n'y avait pas de flammes du tout, puis tout s'est embrasé d'un coup. Ce n'était pas comme au cinéma : d'abord le paillasson, puis le rideau... C'est des bêtises tout ça. Le feu s'est déclenché instantanément. On m'a raconté qu'un gaz se dégage en cas d'incendie et qu'il se propage si vite que tout s'enflamme. Bref, il y avait un mur de flammes.

Après avoir sorti Macha, j'ai fait descendre Marina. J'ai noué plusieurs draps et les ai passés par-dessus le balcon. Quand elle glissait le long des draps, elle a dû avoir peur et a desserré les doigts. Elle aurait pu se faire très mal, car les marches étaient en pierre. Par chance, son mari l'a rattrapée. Il s'est déboîté l'épaule. Mais rien de grave. Il se l'est fait remettre ensuite.

Et là, je me suis souvenu qu'une valise avec tout notre argent, toutes nos économies était restée dans la chambre. Je me suis dit : «*Mais comment va-t-on faire sans argent ?* »

J'y suis retourné et j'ai commencé à chercher. J'ai passé la main ici et là... Je me rendais compte que je n'avais que quelques secondes. Si je restais plus longtemps, ça n'aurait plus servi à rien de se dépêcher... J'ai laissé tomber la chasse au trésor. Je me suis précipité sur le balcon. Les flammes jaillissaient. Je suis passé par-dessus la rampe, je me suis agrippé aux draps et me suis mis à descendre. Un détail croustillant : vu que je sortais du sauna, j'étais pratiquement nu, j'avais juste eu le temps d'enrouler un drap autour de ma taille. Imaginez un peu la scène : une maison en flammes, un homme nu qui descend avec un drap sur les hanches, et le vent qui souffle sur ce drap comme sur les voiles d'un bateau. Sur la colline en face, des curieux s'étaient rassemblés pour observer la scène en silence.

Nos deux voitures étaient garées à côté de la maison. Elles commençaient à chauffer fort. Mais les clés étaient restées dans la maison. Elles étaient sur frein à main, les portières verrouillées.

MARINA IENTALTSEVA

Nous nous sommes retrouvés sans les clés, tout était resté dans la maison. Loudmila Alexandrovna a dit : « *Poussons-les.* » Notre voiture était une deviatka, un modèle n°9 de Jigouli. En panique, j'ai crié : «*Au diable la voiture, la maison est en train de brûler !* » Elle m'a regardé avec un air très étonné et m'a dit : « *C'est bon… La voiture, elle, pourra encore servir.* » Elle a pris une pierre et l'a jetée sur la vitre. Puis elle a enlevé le frein à main et nous nous sommes mis tant bien que mal à la pousser. Pareil pour la deuxième. Puis je suis restée debout à regarder en silence la maison brûler. Pour moi, ça a été un choc total. La première chose que Loudmila Alexandrovna a dite : « *Dieu soit loué, nous sommes tous sains et saufs !* »

La maison a brûlé comme un cierge. Les pompiers sont arrivés. Mais ils ont tout de suite été à court d'eau. Il y avait un lac juste à côté. Je leur ai dit : «*Comment ça, il n'y a plus d'eau ? Il y a un lac tout près !*» Ils étaient d'accord : « *Il y a un lac, oui, mais nous n'avons pas de tuyau d'incendie.* » Les pompiers ont fait trois allers-retours jusqu'à ce que la maison brûle de fond en comble.

Ce sont les filles qui ont le plus souffert dans cette histoire. Elles avaient ramené de l'appartement tous leurs petits trésors : leurs jouets, leurs Barbies, tout ce qu'elles avaient accumulé durant leur enfance. Macha racontait qu'après ça, elle n'avait pas pu dormir tranquille pendant plusieurs mois. Tout ce qu'elles avaient de plus précieux était resté dans cette chambre.

Quand les pompiers ont fait leur expertise, ils ont conclu que c'était de la faute des constructeurs : ils n'avaient pas bien assemblé le poêle du sauna. Et si c'étaient eux les responsables, il fallait qu'ils compensent les pertes.

Premier moyen : payer une somme d'argent. Mais il était difficile

d'estimer la valeur de la maison. Elle a brûlé en 1996. La construction avait duré au moins cinq ans. Je me souviens très bien comme en 1991, j'achetais des briques à 3 roubles pièce. Je n'en avais pas pris suffisamment, alors j'ai dû en racheter plus tard, mais déjà à 7 roubles pièce. Les prix n'avaient pas cessé d'augmenter, ce n'était pas facile à indexer.
C'est pour cela que la deuxième solution m'avait paru bien meilleure. Je voulais les obliger à tout reconstruire à l'identique. C'est ce que j'ai fait. Ils ont mis une structure similaire à la première, ils ont eux-mêmes engagé une entreprise polonaise qui s'est chargée des finitions. Les constructeurs ont tout fait en un an et demi. La maison était comme avant l'incendie, même un petit peu mieux. Nous leur avons juste demandé d'enlever le sauna.

LOUDMILA POUTINA

J'ai vécu la perte de la maison avec philosophie. Après cette histoire, j'ai réalisé que ni une maison, ni l'argent, ni des objets ne valaient la peine qu'on s'en inquiète. Et vous savez pourquoi ? Parce que tout ça, ça peut brûler en un instant.

Nous avons une tradition dans notre pays : toutes les affaires importantes se règlent au bania. Comment faites-vous désormais ?
Au bania, il faut surtout se laver. Et cette fois-là, nous n'étions pas en train de régler des affaires. C'était plutôt une veillée funéraire célébrée en l'honneur de mon ancien boulot.

CHAPITRE 7.

LE BUREAUCRATE

« *C'est notre ville* »

Comment ça s'est passé ensuite pour le travail ? Vous avez quitté Yakovlev, vous n'avez pas été nommé ambassadeur...
Plusieurs mois se sont écoulés après notre défaite aux élections de Piter et j'étais toujours sans emploi. Ce n'était vraiment pas terrible. J'avais tout de même une famille à nourrir. Il fallait que je trouve une solution. Et en même temps, il y avait cette situation pas très claire avec Moscou : un coup, ils m'appelaient pour travailler, un coup, ils ne m'appelaient plus.

Et qui a fini par vous appeler ?
Curieusement, c'était Borodine. Directeur du département des affaires du président, Pavel Borodine a eu l'idée de me faire entrer à l'administration présidentielle. Je ne sais pas pourquoi il s'est souvenu de moi. Nous nous étions rencontrés à quelques reprises. Difficile de parler de relation.

Borodine a parlé de moi à Nikolaï Egorov qui était alors le responsable de l'administration présidentielle. Ce dernier m'a convoqué à Moscou et m'a proposé de devenir son adjoint. Il m'a montré le document du projet de décret présidentiel officialisant mon poste, il m'a dit qu'il allait le faire signer par Eltsine la semaine suivante et qu'ensuite, je

pourrais me mettre au travail. J'ai accepté : « *Entendu, que dois-je faire ?* » Il m'a dit : « *Rentre chez toi à Piter. Dès qu'il aura signé, nous t'appellerons.* »
Je suis reparti, et à peine deux ou trois jours plus tard, Egorov a été limogé du poste de chef de l'administration présidentielle. Il a été remplacé par Anatoli Tchoubaïs qui a supprimé le poste qui devait m'être attribué. Par conséquent, je n'ai pas déménagé à Moscou cette fois-là.

Après un certain temps, le gouvernement a encore été remanié. Tchernomirdine en a pris la tête, et Alexei Alexandrovitch Bolchakov est devenu son premier adjoint. Un gars de chez nous, de Piter ! Quand il a croisé Borodine à une réception (je ne l'ai su que plus tard), il lui a dit : « *Bah alors, on promet aux gens de leur trouver un travail, puis on les laisse tomber ? Il attend toujours, sans boulot.* » Borodine s'est vexé : « *Je ne l'ai pas laissé tomber. C'est votre copain Tchoubaïs qui a tout chamboulé.* – *Alors, lui a dit Bolchakov, tu n'as qu'à le prendre chez toi.* » Borodine devait se dire que je n'irais pas travailler pour lui au département des affaires du président, que je m'étais habitué à un autre type de travail. Mais Bolchakov a tout de même insisté : « *Je ne sais pas, invente quelque chose d'autre.* » Ils se sont quittés là-dessus. Borodine avait promis d'y réfléchir et il l'a fait. Mais tout ça, je ne l'ai su que plus tard.

Un jour, Aliocha Koudrine m'a téléphoné. Il était à la tête de la direction générale du contrôle de l'administration présidentielle. Il m'a dit : « *Viens, nous allons voir ce qu'il est possible de faire. Ils ont supprimé un poste, d'accord, mais ils ne les ont pas tous supprimés.* » Je suis arrivé. J'ai vu Koudrine. Il a discuté avec Tchoubaïs, et ce dernier m'a proposé, avant de partir en vacances, de prendre la direction du service des relations publiques. Ce domaine ne me correspondait pas du tout, mais que pouvais-je y faire ? S'il fallait travailler avec le public, alors soit, je travaillerais avec le public. C'était tout de même un poste à l'administration présidentielle. Bref, j'ai accepté. Koudrine et moi, nous sommes montés dans une voiture et nous sommes partis pour l'aéroport. En chemin, il me dit : « *Et si on téléphonait à Bolchakov pour le féliciter ? Notre homme de Saint-Pétersbourg vient d'être nommé premier adjoint.* – *Ok, appelons-le.* » Nous avons composé le numéro de Bolchakov depuis la voiture. Nous avons été mis en relation. Comme Liocha était le chef de la direction générale du contrôle de l'administration présidentielle, on le mettait en relation avec tout le monde. Alexei a félicité Bolchakov et lui a dit ceci : «*Volodia Poutine vous félicite également, il est là, à côté de moi.*» Bolchakov lui a dit : «*Passe-lui le combiné.*» J'ai pris l'appareil et j'ai entendu : «*Tu es où ? – Comment ça, je suis où ? Je suis en voiture, nous allons vers l'aéroport avec Liocha. Je rentre à Piter. – Mais avant, tu étais où ? – Au Kremlin, nous avons résolu la question de mon embauche. Je serai directeur des relations publiques. – Appelle-moi dans trente minutes*», m'a-t-il dit alors que la voiture s'approchait déjà de l'aéroport.

Je m'apprêtais à embarquer quand, au dernier moment, j'ai réussi à joindre Bolchakov. Il m'a dit : «*Écoute, tu ne peux pas rester un peu plus longtemps ? Passe voir Borodine demain.*» Je ne savais pas de quoi il était question, mais je suis resté. Je n'imaginais même pas que Bolchakov ait pu se souvenir de moi.

Je ne sais pas pourquoi il a fait ça et ça m'aurait gêné de lui demander. Je n'ai qu'une seule explication, il ne peut pas y en avoir d'autre. Alexei Alexandrovitch était une personne importante à Piter. Il avait été premier adjoint au comité exécutif du Lensoviet, une personne qui avait réellement dirigé la ville. Il avait une bonne réputation et il était considéré comme un professionnel énergique qui travaillait dur. Il a été balayé par la vague démocratique, alors qu'il n'était pas spécialement un communiste « orthodoxe ». Mais Sobtchak avait décidé qu'il devait partir.

Bolchakov s'était alors retrouvé pratiquement à la rue, il s'occupait de choses et d'autres, mais personne n'avait pu imaginer qu'il aurait à nouveau un poste important, à Moscou qui plus est. De temps à autre, Bolchakov faisait des apparitions au Smolny pour ses affaires personnelles. Et pas une fois, je ne l'ai fait attendre. J'arrêtais tout, tout de suite, je faisais sortir tout le monde de mon bureau et j'allais l'accueillir en personne : «*Alexei Alexandrovitch, entrez, je vous en prie.*» Nous n'avons jamais été proches, mais il a dû retenir ces petites attentions.

Le lendemain matin, je suis donc passé voir Borodine et il m'a proposé de devenir son adjoint. Voilà comment je me suis retrouvé en 1996 sur la place Staraya* de Moscou en qualité d'adjoint à la gestion des affaires du président. J'allais m'occuper de la direction juridique et de la propriété à l'étranger.

* *Littéralement, la « vieille place ». Au numéro 4 se trouve le bâtiment de l'administration présidentielle*

LOUDMILA POUTINA

Je me souviens que la question ne se posait pas en ces termes : aller à Moscou ou ne pas y aller. Il était clair qu'il fallait y aller. Et on ne peut pas dire qu'avec Volodia, nous en avions discuté plus que ça. Volodia a dit que même si le poste qu'on lui avait proposé ne lui convenait pas parfaitement, il n'y avait rien d'autre, point. C'est seulement après qu'il a eu cette nouvelle proposition.
Je ne voulais pas quitter Saint-Pétersbourg. Nous avions à peine commencé à vivre dans notre propre appartement, et là, il fallait de nouveau déménager dans un logement de fonction. Mais bon, pourquoi se plaindre ? Ils nous ont attribué une datcha de fonction à Arkhangelskoïe.* Une maison un peu vieille, certes, mais avec deux étages et six chambres. Deux en bas et quatre en haut – la grande classe ! Et puis, j'ai aimé Moscou tout de suite. Je ne saurais pas expliquer pourquoi, mais cette ville m'a convenu. Son atmosphère, ses rues, le fait qu'elle soit si soignée... Piter me rendait malade. Moscou m'a guérie. Mon mari a mis plus de temps à s'habituer à Moscou, mais il a fini par s'y faire. Ici, c'est confortable, aussi parce qu'on a le sentiment que la vie bat son plein.

Je ne peux pas dire que je n'aimais pas Moscou. C'est juste que j'aimais plus Piter. Moscou est à l'évidence une ville complètement européenne. Elle a bien sûr ses problèmes, mais ça bouillonne de vie. Il faut avouer que Piter reste une province, politiquement du moins.

La vitesse à laquelle vous avez fait carrière à Moscou est incroyable. Une promotion par an pratiquement. En 1997, vous êtes directeur de l'Administration générale du contrôle ; en 1998, premier adjoint de l'Administration du président et responsable des régions ; toujours en 1998, vous devenez directeur du FSB, puis secrétaire du Conseil de sécurité. En août 1999, Premier ministre, et depuis le 31 décembre, vous êtes président par intérim. Toutes ces fonctions étaient-elles aussi intéressantes les unes que les autres ?

Absolument pas. Il y a même eu un moment où j'ai eu envie de quitter l'administration du président.

* *Un domaine historique situé à une vingtaine de kilomètres à l'ouest de Moscou.*

— *« Voyager et voir un peu »* —

Quand ça précisément ?
Quand j'étais à la Direction générale du contrôle. Ce n'est pas un travail très créatif… C'était important, utile, certes, mais moi, ça ne m'intéressait pas. Je ne sais pas ce que j'aurais fait si j'avais démissionné. J'aurais sûrement ouvert une entreprise juridique. Difficile de dire si ça aurait été suffisant pour vivre, mais au moins ça aurait été vraiment intéressant. J'ai de nombreux amis qui font ça et ils s'en sortent très bien.

Alors pourquoi n'êtes-vous pas parti ?
J'y pensais, mais c'est à ce moment-là que j'ai été nommé premier adjoint du chef de l'Administration présidentielle responsable des régions et du contact avec les gouverneurs.
Aujourd'hui encore, je pense que ce travail était le plus intéressant de tous. C'est à cette époque que je me suis fait beaucoup de relations parmi les gouverneurs. J'ai réalisé alors que le travail avec les leaders des régions devait être l'une des principales orientations de notre travail. Tout le monde ne cessait de dire que la verticale du pouvoir avait été détruite et qu'il fallait la restaurer.

Mais les gouverneurs ont-ils besoin de ça ? Sont-ils prêts à se soumettre à la verticale ?
Ils sont prêts, oui. Les gouverneurs représentent eux aussi une partie du pays et ils souffrent des failles de la gestion gouvernementale. Cette question, nous devons la régler avec eux. Il y a des choses qui ne plairont pas à certains – on ne peut pas faire plaisir à tout le monde –, mais on peut toujours trouver une approche commune. Par ailleurs, ça m'a beaucoup intéressé de découvrir le pays. Avant, je n'avais travaillé qu'à Piter et à l'étranger… Bien entendu, sept ans à Piter, c'est une bonne expérience en management politique. Mais Piter, ce n'est tout de même pas toute la Russie. J'avais envie de voyager, de voir un peu.

— « *Bon bah... Merci les gars* » —

Alors pourquoi avez-vous laissé tomber ce poste si intéressant pour rejoindre la direction du FSB ? Le désir d'un retour aux sources dans les services ?

Non, ça ne m'attirait pas du tout. Et puis ce n'est pas comme si on m'avait demandé mon avis. Ils n'ont même pas sous-entendu que je pouvais être pressenti pour le poste. Le président a signé un décret me nommant, voilà tout.

Mais c'est bien Valentin Ioumachev qui était à la tête de l'administration à l'époque ?

Oui. J'étais dans mon bureau et il m'a appelé. « *Tu peux aller chercher Kirienko à l'aéroport ?* » Kirienko était alors Premier ministre et il rentrait d'une visite de la République de Carélie où le président était en vacances. J'ai dit : « *Oui, je peux.* » Mais je me demandais bien ce qu'il y avait derrière cette histoire. J'ai commencé à me dire que quelque chose ne tournait pas rond. Je suis arrivé à l'aéroport, j'ai vu Kirienko sortir : « *Oh Volodia ! Salut ! Toutes mes félicitations !* » Je lui ai demandé pourquoi et lui : « *Le décret est signé, tu es nommé directeur du FSB.* » Bon, bah... merci les gars. Je ne peux pas dire que ça m'avait réjoui. Je n'avais aucune envie de nager une deuxième fois dans les mêmes eaux.

Comprenez-bien, travailler dans les organisations militarisées, c'est très difficile ! Je me revois m'approcher du bâtiment du KGB et sentir comme s'ils me branchaient à une prise électrique. Je ne sais pas, peut-être étais-je le seul à ressentir ça, mais je pense que c'était pareil pour la plupart des gens qui ont travaillé là-bas. Ces personnes étaient sous pression permanente. Tous les documents sont secrets. Ceci est interdit, cela n'est pas autorisé.

Nous ne pouvions même pas aller au restaurant ! Ils pensaient que seules les prostituées et les spéculateurs du marché noir mangeaient au restaurant. Que pouvait faire un membre honnête des services de sécurité en telle compagnie ?

De plus, si tu es agent du renseignement, tu es toujours susceptible de te faire contrôler. Tu fais l'objet d'enquêtes internes. Même si ça n'arrive pas souvent, dans tous les cas, ce n'est pas très agréable. Et puis, il y a ces réunions toutes les semaines ! Et un plan de travail à établir pour chaque journée ! Vous avez tort de rigoler. Il y a là-bas un cahier, frappé des mots « Top secret ». Quand tu arrives le vendredi, tu l'ouvres, tu y inscris ton plan de travail pour la semaine – jour par jour. Et en plus, il faut détailler chaque jour, heure par heure.

Et au Kremlin, c'est peut-être mieux ?
Au Kremlin, ma position est différente. Ici, personne ne me contrôle. C'est moi qui contrôle tout le monde. Au FSB, je faisais mes rapports au directeur de section et au directeur de département. Ils regardaient mon plan de travail : « *Alors qu'est-ce qui a été fait cette semaine ?* » Et il fallait que je me justifie si telle ou telle chose n'avait pas été faite à temps. Il fallait que je m'explique : « *C'est un projet de grande importance, on ne peut le mener à bien que sur la durée.* » Alors ils demandaient : « *Pourquoi est-ce inscrit dans ton plan de travail ? Il ne faut y mettre que ce que tu peux faire !* » Si je vous raconte tout ça, c'est pour vous expliquer à quel genre de pressions j'étais soumis pendant mes années de service.

De plus, ma vie était si intéressante, si diversifiée depuis que j'avais démissionné du KGB. Et voilà que je rentrais dans le cabinet du directeur du FSB, accueilli par Nikolaï Kovalev, mon prédécesseur. Il a ouvert un coffre-fort et il m'a dit : « *Ici, je garde le cahier "top secret". Ici, les balles de revolver.* » C'était d'une telle tristesse.

LOUDMILA POUTINA

Je crois que la seule nomination de Volodia qui ait été discutée en famille, c'était pour la fonction de Premier ministre. En ce qui concerne le FSB, je me souviens que nous en avions parlé trois mois avant et qu'il m'avait dit alors qu'il n'y retournerait pour rien au monde. Nous nous promenions à Arkhangelskoïe et nous discutions de son travail. Il m'avait dit qu'il y avait un endroit où il ne voulait plus du tout travailler et c'était celui-là. Je comprenais pourquoi. Ça signifiait un retour à une vie fermée. Lorsque Volodia travaillait au KGB, notre vie

était vraiment fermée. Ne va pas là, ne dis pas ça. Parle à untel, ne parle pas à tel autre. Et puis, la décision de quitter le KGB a été tellement difficile à prendre. Dans son esprit, il partait pour toujours.
J'étais en vacances près de la mer Baltique quand il a téléphoné : « *Sois prudente là-bas, ils m'ont fait revenir là où j'ai débuté.* » J'ai d'abord cru qu'il était redevenu l'adjoint de Borodine, qu'il avait baissé en grade. Je n'arrivais pas à décoder ses mots. Je me suis dit que durant mes vacances, quelque chose avait dû se passer dans le pays, que la situation avait changé. Mais il a répété : « *Ils m'ont fait revenir là où j'ai débuté.* » C'est seulement quand il me l'a dit pour la troisième fois que j'ai compris. En rentrant, je lui ai demandé comment ça avait pu arriver. Il a répondu : « *On m'a nommé, c'est tout.* » Je n'ai plus posé de question.
Quand Volodia est revenu au FSB, ils lui ont proposé de devenir général. Il a préféré garder son statut de fonctionnaire. Même si je pense que ce n'est parce qu'on est colonel qu'on ne peut pas diriger des généraux. Il faut juste en avoir les capacités.
Cette affectation a-t-elle déteint d'une façon ou d'une autre sur notre vie ? Pas vraiment, à part que j'avais des amis en Allemagne, un couple marié. J'ai dû couper tout contact avec eux. Je pensais que ça ne serait que pour un temps, mais jusqu'à ce jour, nous n'avons pas renoué de liens.

Comment avez-vous été accueilli au FSB ? Vous, un colonel qui débarque...
Ils étaient sur leurs gardes. Mais c'est passé. En ce qui concerne mon rang de colonel... Essayons d'y voir plus clair. Premièrement, j'étais colonel de réserve. J'avais terminé mon service en tant que lieutenant-colonel dix ans auparavant. Et pendant ces dix ans, j'ai eu une autre vie. Je suis retourné travailler au FSB non pas en tant que colonel, mais en tant que civil qui venait de quitter le poste de premier adjoint du directeur de l'Administration du président.

Donc dans les faits, vous êtes devenu le premier civil à diriger les services de sécurité du pays.
Bien sûr, mais personne n'y a pas prêté attention. Certains par bêtise, d'autres par ignorance, d'autres encore l'ont fait exprès.

Et quand vous êtes arrivé, l'équipe de direction a-t-elle beaucoup changé ?
Elle a changé, mais pas tant que ça. Je n'ai fait aucun geste brusque. J'ai observé attentivement la situation et les gens et j'ai commencé à introduire les changements que je jugeais utiles.

Alors pourquoi Evgueni Primakov a-t-il dit que vous avez placé partout des gens de Leningrad ?
Il a aussi été dit que je les avais tous licenciés pour embaucher je ne sais qui. Mais j'ai emmené toute la direction du FSB à une réunion avec Primakov. Il s'est avéré que tout le monde était à sa place, que personne n'avait été licencié. Primakov m'a ensuite présenté des excuses et il m'a dit qu'il avait été induit en erreur.

Est-il vrai que lorsque vous étiez directeur du FSB, vous avez rencontré Vladimir Krioutchkov* ?
Oui, c'est vrai.

Par hasard ?
Non. Je travaillais de façon active avec les vétérans des services.

Certains recommencent à parler de l'idée d'une fusion entre le FSB et le MVD (ministère de l'Intérieur) ? Quelle est votre position là-dessus ?
Je suis contre. La communauté russe des renseignements s'est déjà formée, et casser ce qui existe, ça ne serait pas bien. Du point de vue des intérêts de ces différents services, ça pourrait être acceptable, mais du point de vue des intérêts politiques, ce n'est pas avantageux. Il vaut mieux recevoir des informations de deux sources plutôt que d'une seule.

Et peut-être serait-ce encore mieux que ces différents services se surveillent mutuellement et qu'ils évitent les petits arrangements ?
Ce n'est pas une question pour moi. C'était comme ça en Allemagne en 1933. Tout le monde surveillait tout le monde. C'était le principe de la Gestapo.

* *Directeur du KGB de 1988 à 1991, un des meneurs du putsch de 1991*

C'est quand même assez curieux que vous ayez été nommé à deux reprises à des postes occupés précédemment par un autre Pétersbourgeois, Sergueï Stepachine. Et au FSB, qui s'appelait encore le FSK*, et en tant que Premier ministre. On ne se souvenait pas de lui avec beaucoup de sympathie au FSB, non ?

Bien au contraire, il était très apprécié. Contre toute attente, il a fait preuve de beaucoup de maturité dans sa gestion du FSK, ce qui lui a valu le respect de nombreuses personnes, y compris le mien.

Sobtchak avait soutenu la candidature de Stepachine au poste de directeur de la division de Leningrad du FSK. Moi, je travaillais déjà dans l'administration. Je me souviens que Sobtchak m'avait annoncé après le putsch que chez nous, c'est un démocrate qui allait être placé à la tête du FSK.

Je n'avais pas du tout apprécié ça. J'avais beaucoup de sympathie pour Sobtchak, mais là, un policier qui venait d'on ne sait où à la tête de nos services... À la Tchéka, on n'a jamais beaucoup apprécié les policiers. Surtout que là, il s'agissait d'un homme qui n'avait jamais eu aucun rapport avec les services. Je n'étais pas préoccupé par le fait qu'il venait de la mouvance démocratique, moi aussi, j'en étais. Mais c'était devenu inquiétant. Vous vous souvenez dans quel état étaient les services de sécurité ? Il y avait cette vague qui voulait que tout soit détruit, cassé, déchiré... Certains proposaient de rendre publiques toutes les listes des agents, de déclassifier des affaires. Mais Stepachine s'est comporté de façon complètement inattendue. Il a usé de sa bonne réputation de démocrate pour protéger les services secrets de Leningrad. Il a été intransigeant dès le départ : « *Si vous me faites confiance, faites-moi confiance. Nous rendrons public ce que nous pouvons rendre public, mais sachez que nous ne ferons rien qui puisse nuire à l'État.* » Il faut lui reconnaître le mérite d'avoir établi de bonnes relations de travail avec les agents de terrain et la direction. Les gens lui ont fait confiance, c'est vrai.

Plus tard, Stepachine et moi, nous nous sommes vus à Moscou. Même si nous n'étions pas spécialement proches ni amis. Mais vous souvenez-vous qu'après sa démission du FSK, il a travaillé au bureau

---

* *Service fédéral de contre-espionnage, un service secret russe, prédécesseur du FSB jusqu'au 3 avril 1995*

du gouvernement ? Moi, j'étais déjà à l'Administration présidentielle. Et quand la question s'est posée de savoir qui devait être nommé au poste de ministre de la Justice, j'avais proposé Stepachine. J'en avais parlé avec lui avant, j'étais passé chez lui pour lui demander : « *Sergueï, tu en as envie ? Je ne sais pas ce que ça va donner, mais je suis prêt à te soutenir.* » Il m'a répondu qu'il en avait envie, car il en avait marre d'être dans la paperasse.

— « *Ça ne m'a pas étonné* » —

Vous étiez content que Stepachine soit nommé Premier ministre ?
Oui.

Et vous saviez qu'à ce moment-là, votre candidature pour ce poste était également envisagée ?
Quand il a été nommé Premier ministre ? Non, ça ne m'a pas traversé l'esprit.

Il n'est resté au poste de Premier ministre que quelques mois à peine. Il a eu du mal à cacher à quel point sa destitution avait été douloureuse pour lui. Vous en avez parlé en tête à tête ?
Oui, et il sait que je n'ai rien à voir avec sa destitution. Mais c'était quand même gênant que l'on m'appelle la veille de l'annonce pour m'inviter chez Eltsine à Gorki[*]. Nous étions assis tous les quatre : Boris Nikolayevitch *(Eltsine)*, Stepachine, *(Nikolaï)* Aksenenko et moi. Le président a annoncé à Sergueï qu'il le congédiait. Imaginez mon état ! J'étais son camarade. Je n'avais à me justifier de rien. Mais que pouvais-je lui dire ? « *Sergueï, ils te limogeront quoi qu'il arrive.* » C'était impossible à dire à voix haute. Je n'arrivais pas à articuler. C'était très désagréable.

Et vous n'avez pas discuté un peu en sortant de chez Eltsine ?
Nous nous sommes juste dit au revoir, c'est tout.

---

[*] *Gorki-9 est une résidence d'État se trouvant à 15 kilomètres à l'ouest du Kremlin de Moscou, près de Bouzaievo.*

Et vous n'avez plus jamais reparlé de cette fameuse matinée ?

Si, nous en avons reparlé. Je pense que ça l'a blessé. Il ne m'en voulait pas à moi personnellement, mais il était vexé. Avec le temps, ça sera oublié. Il n'avait commis aucune grosse faute pouvant justifier son licenciement. Mais le président pensait autrement. Il ne se basait apparemment pas uniquement sur les deux-trois mois durant lesquels Sergueï avait été Premier ministre…

Boris Nikolayevitch m'a invité chez lui et il m'a dit qu'il avait dans l'idée de me proposer le poste de Premier ministre, mais qu'il devait d'abord en parler avec Stepachine. Je n'étais pas spécialement surpris. C'était déjà clair que les choses allaient dans cette direction. Je ne parle pas de ma nomination, mais de la destitution de Stepachine. Eltsine ne me demandait pas si j'étais d'accord ou pas pour devenir Premier ministre. Il m'a juste dit qu'en ce qui concernait Stepachine, il avait pris sa décision.

D'ailleurs, lors de notre conversation, il n'avait pas prononcé le mot « successeur ». Eltsine parlait de trouver un autre *« Premier ministre avec des perspectives »*. Il disait que si tout suivait son cours normalement, ça serait possible.

Et ensuite à la télévision, Eltsine a parlé de moi comme d'un futur président potentiel. Il l'a dit à haute voix, à tout le pays. Tout de suite après ça, les gens se sont rués sur moi avec des questions, j'ai répondu : « *Si le président l'a dit, alors c'est ce que je ferai.* » Je n'avais peut-être pas l'air très convaincant, mais je ne pouvais pas répondre autrement.

Souvenez-vous dans quel état était le pays à ce moment-là. Il ne restait qu'un temps infime avant les élections. Boris Nikolayevitch avait une décision à prendre. Tous les gouverneurs sentaient bien que les choses étaient comme en suspens et ils avaient besoin de se fixer. Pourquoi ont-ils fondé le OVR[*] ? Parce que les gouverneurs n'avaient pas d'autre alternative. Et il faut toujours une alternative.

Une alternative comme Edinstvo[**] ?
Oui.

---

[*] *« Patrie – Toute la Russie », bloc politique qui a existé de 1998 à 2002.*
[**] *« L'Unité », parti de Vladimir Poutine, créé en septembre 1999, soutenu par le président Eltsine.*

LOUDMILA POUTINA

Je n'ai pas été surprise par la fulgurante carrière de mon époux. J'ai toujours considéré que si ça se passait ainsi, c'est que ça devait être utile à quelqu'un. Mais parfois, je me dis : c'est tout de même curieux, je suis mariée à un homme qui hier encore était un inconnu, un simple adjoint du maire de Saint-Pétersbourg, et aujourd'hui, il est Premier ministre. J'ai toujours su que ce genre de choses pouvait arriver à Volodia. Je n'ai pas peur pour lui. Et je ne suis pas particulièrement fière. Mais je l'admire. Il est résolu. Pas vaniteux, non, résolu. Il a toujours vécu pour l'amour de quelque chose. Il y a des gens qui s'acharnent pour l'argent et lui, c'est pour des idées. Il a toujours pris beaucoup de plaisir à travailler. Il me semble que ce sont des personnes de ce genre qui peuvent arriver à beaucoup de choses. Vous savez, que je sois la femme du Premier ministre, ça me surprend, mais que lui soit Premier ministre, pas du tout.

MARINA IENTALTSEVA

Poutine est devenu Premier ministre, et quelques jours plus tard, son père est décédé. Vladimir Vladimirovitch allait lui rendre visite chaque week-end depuis Moscou. À cette période, il était surchargé de travail, mais il se débrouillait pour venir à Saint-Pétersbourg toutes les semaines, ne serait-ce que pour une demi-journée. Vladimir Vladimirovitch avait très peur de ne pas avoir le temps de lui dire au revoir. Et à ce qu'on m'a dit, il a réussi à rester aux côtés de son père durant les dernières heures.

— «Le jeune homme qui va se casser les dents» —

Quand Eltsine a annoncé à tout le pays que vous seriez son successeur, ça ne vous a pas du tout remué ?
Non.

Vous étiez si sûr de vous ?

Non, ce n'est pas ça. Souvenez-vous, quand Guennadi Selezniov a dit : *« Pourquoi vous ont-ils fait ça ? C'est pour en finir avec vous ! »* Et tout le monde a pensé que c'était la fin. Moi non plus, je n'excluais pas cette hypothèse. Mais pour une autre raison à vrai dire.

Je vais essayer de vous expliquer. Tout cela a eu lieu au moment où les tensions montaient au Daguestan. J'ai décidé pour moi-même que oui, ma carrière allait certainement s'arrêter là. Mais que ma mission, ma mission historique – ça peut paraître prétentieux, mais c'est la vérité – consisterait à résoudre cette situation dans le Caucase du Nord. Personne ne savait comment tout cela allait se terminer, mais pour moi, pour d'autres aussi d'ailleurs, c'était clair que j'allais être *« ce jeune homme qui allait s'y casser les dents »*. C'est comme ça que j'ai abordé la chose.

Je me suis dit : *« Qu'importe, j'ai un peu de temps – deux, trois, quatre mois – pour pulvériser ces bandits. Ils pourront toujours me virer après. »*

J'ai compris qu'il fallait frapper leurs bases en Tchétchénie. À vrai dire, tout ce qui se faisait ces dernières années, surtout dans le domaine de la préservation de l'État, c'était… comment dire les choses délicatement sans vexer personne ? C'était de l'amateurisme.

Croyez-moi, déjà en 1990-1991, je savais précisément, même si ça peut sembler prétentieux, que le mépris pour l'armée, pour les services secrets – ces sentiments qui se sont développés surtout après la chute de l'URSS – pouvait représenter une menace pour le pays. Que nous serions très bientôt au bord de l'effondrement.

Et maintenant, sur le Caucase. Quelle est la situation aujourd'hui dans le Caucase du Nord et en Tchétchénie ? C'est la poursuite de l'effondrement de l'URSS. Il est clair que vient un temps où il faut l'arrêter. Oui, pendant un certain temps, j'ai espéré qu'avec la croissance économique, le développement des instituts démocratiques, ce processus serait freiné. Mais le temps et l'expérience ont montré que ça ne se passe pas comme ça.

Voilà ce que j'ai pensé de cette situation au mois d'août, quand les bandits ont attaqué le Daguestan : si nous n'arrêtons pas ça de suite, la Russie cessera d'exister. Il s'agissait alors de stopper le délabrement du pays. Je partais du principe qu'il me faudrait m'y consacrer, quitte à sacrifier ma carrière politique. C'était un moindre prix que j'étais prêt à payer. C'est pour cette raison que j'étais absolument calme lorsqu'Eltsine m'a nommé comme son successeur et que tout le monde avait cru que j'étais fini. Tant pis ! J'avais calculé : j'ai quelques mois devant moi pour consolider les forces armées, le MVD et le FSB et pour trouver le soutien de la population. Aurais-je suffisamment de temps ? C'était la seule chose dont je me souciais.

Mais vous n'avez pas pris seul la décision de démarrer la campagne militaire au Daguestan, puis en Tchétchénie. Eltsine était président et c'était lui le responsable de l'échec de la première opération en Tchétchénie. Tout comme Stepachine d'ailleurs.

Stepachine n'était plus Premier ministre. En ce qui concerne Eltsine, il m'a soutenu sur toute la ligne. Il m'a fait confiance, point. Je lui faisais des rapports sur les faits accomplis.

Vous voulez dire qu'il ne s'en mêlait pas du tout ?

Je vais me répéter. Il m'accordait une confiance totale. À chacune de nos entrevues, nous parlions de la situation en Tchétchénie.

Ce qui veut dire que toute la responsabilité repose sur vos épaules ?

Dans une large mesure, oui. Je rencontrais les responsables du ministère de la Défense, de l'état-major, du MVD quasiment tous les jours et même parfois deux fois par jour – matin et soir. Et c'est comme ça, en mode « manuel », que les *siloviki** se sont consolidés. La première chose que j'ai été obligé de faire, c'était de casser l'isolement de chacune des instances : quand l'armée ne comprenait pas ce que faisait le MVD et que le FSB critiquait tout le monde sans se remettre en question. Nous sommes une même équipe, un seul organisme. Il n'y a que comme tel que nous pouvons réussir.

Vous avez évoqué le prix que vous étiez personnellement prêt à payer pour la campagne dans le Caucase du Nord. C'est vrai qu'il est minime – votre carrière. Mais le prix de chaque opération militaire se chiffre aussi en vies humaines, en sommes d'argent.

J'étais convaincu que si nous ne stoppions pas tout de suite les

---

* *Les hommes issus de l'armée, de la police et des forces de sécurité*

extrémistes, alors tout le territoire de la Fédération de Russie deviendrait une deuxième Yougoslavie, nous aurions eu une « yougoslavisation » de la Russie.

Pourquoi ne pas avoir éliminé les combattants du Daguestan et installé un « cordon sanitaire » autour de la Tchétchénie ?
Ça n'aurait eu aucun sens et c'était techniquement impossible.

Dites-nous, le fait que Lénine ait cédé la Finlande il y a quelques décennies, ça vous irrite toujours beaucoup ? La sécession de la Tchétchénie est-elle impossible en principe ?
Si, elle est possible, mais le problème, ce n'est pas une sécession.

Il me semblait que c'était absolument clair. Je vais vous dire ce qui me motivait et pourquoi j'étais persuadé de la menace qui pesait sur le pays. Tout le monde dit que je suis dur, que je suis cruel. Ce sont des épithètes peu agréables. Mais je n'ai jamais douté une seconde, et c'est pareil pour chaque personne un tant soit peu instruite politiquement, que la Tchétchénie n'allait pas se limiter à son indépendance. Elle serait devenue une tête de pont pour une attaque ultérieure de la Russie.

L'agression avait commencé. Ils ont réuni des forces armées et ils ont attaqué des territoires limitrophes. Pourquoi ? Pour défendre l'autonomie de la Tchétchénie ? Bien sûr que non. Ils l'ont fait pour s'emparer de nouveaux territoires. Ils auraient eu le dessus au Daguestan et ça aurait été le début de la fin. Le Caucase se serait séparé tout entier. Ça, c'était une évidence. Le Daguestan, l'Ingouchie et ensuite plus haut – le long de la Volga – la Bachkirie, le Tatarstan. Des régions qui mènent directement au centre du pays.

Vous savez, quand j'en imaginais les véritables conséquences, j'étais pris de panique. Je commençais à me demander combien de réfugiés l'Europe et les États-Unis allaient pouvoir accueillir. Parce que la désintégration d'un pays aussi gigantesque que la Russie aurait été une catastrophe globale. Et quand je compare l'ampleur de cette possible tragédie à ce que nous avons aujourd'hui, je ne doute pas une seconde que nous agissons comme il le faut. Nous pourrions même être encore plus durs. Le problème, c'est que si le conflit avait continué, nous n'aurions pas eu assez de soldats. Nous aurions dû faire appel aux réservistes et les envoyer au combat. Il y aurait alors eu une véritable guerre de grande ampleur.

L'autre option aurait été d'accepter le morcellement du pays. Des leaders mécontents dans des régions diverses seraient immédiatement apparus. « *Nous ne voulons pas vivre dans cette Russie. Nous voulons être indépendants.* » Et ça serait reparti.

Maintenant, revenons sur la question de l'indépendance de la Tchétchénie. Supposons que nous ayons accepté l'indépendance de cette République jusqu'à sa sécession. La situation aurait été complètement différente. Aujourd'hui, tout le monde est d'accord pour dire qu'il est essentiel de préserver l'intégrité territoriale de la Russie et ne pas accorder de soutien officiel aux terroristes et aux séparatistes. Mais si nous leurs avions accordé l'autonomie, il y aurait eu beaucoup de pays qui, le jour même, auraient reconnu officiellement la Tchétchénie comme un état indépendant. Ils auraient commencé à apporter aux Tchétchènes une aide officielle de grande ampleur. Et nos actions auraient été considérées comme de l'agression et non plus comme le règlement de questions internes. Ça change radicalement la donne. Ça rend la situation pire pour la Russie par bien des aspects.

L'été dernier, nous avons entamé la lutte, non pas contre l'indépendance de la Tchétchénie, mais contre les aspirations agressives qui ont commencé à proliférer sur ce territoire. Nous n'attaquons pas. Nous nous défendons. Nous les avons chassés du Daguestan. Ils sont revenus. Nous les avons chassés à nouveau, mais ils sont encore revenus. La troisième fois, nous les avons chassés aussi. Et quand nous leur avons vraiment tapé sur les doigts, alors ils ont fait sauter des immeubles à Moscou, à Bouïnaksk, à Volgodonsk.

Vous avez pris la décision de continuer les opérations en Tchétchénie avant ou après ces attentats ?
Après.

Vous savez qu'il existe une version des faits selon laquelle ces immeubles n'ont pas explosé par hasard, que ces attentats visaient à justifier le début des opérations en Tchétchénie ? C'est-à-dire que ces explosions auraient été orchestrées par les services secrets.

Quoi ? Faire sauter nos propres immeubles ? Oh, vous savez... ce sont des balivernes ! C'est vraiment n'importe quoi. Il n'y a pas dans les services russes de gens qui auraient été prêts à commettre de tels crimes contre leur propre peuple. Rien que le supposer est amoral et ce n'est rien d'autre qu'un nouvel élément de la guerre de l'information menée contre la Russie.

— *« Nous avons bu le champagne au goulot »* —

LOUDMILA POUTINA

Trois semaines avant le Nouvel An, Volodia m'a dit : *« Je vais aller en Tchétchénie pour le réveillon. Tu viens avec moi ? »* J'ai d'abord été surprise : *« Et comment je vais laisser les enfants tout seuls ? Et s'il nous arrive quelque chose à tous les deux, qui s'occupera d'eux ? Non, je n'irai pas. »* Quelques jours plus tard, je me suis rendue à Piter, j'y ai réfléchi tranquillement et une fois revenue à Moscou, je lui ai dit qu'on irait ensemble. Je ne sais pas pourquoi. J'avais peur de rester seule sans lui. Personne ne pouvait garantir que tout se passerait bien. C'était imprévisible.

La femme de Patrouchev, le directeur du FSB, était aussi du voyage. Pour le reste, il n'y avait que des hommes. Nous sommes arrivés à Makhatchkala en avion, puis nous sommes montés dans trois hélicoptères et nous nous sommes mis en route vers Goudermes. Une fois sur place, le pilote n'a pas pris le risque d'atterrir, car il n'y avait pas assez de visibilité. Il fallait qu'il puisse voir à 150 mètres, je crois, mais il ne voyait qu'à 100 mètres. Vingt minutes avant les douze coups de minuit, nous avons fait demi-tour. À minuit, nous avons débouché le champagne. Nous n'avions pas de verres, nous avons bu au goulot. Il y avait deux bouteilles de champagne pour tout le monde.

Quand nous avons fait demi-tour, tout le monde a cru à Goudermes que nous n'allions plus venir. Mais c'était mal connaître Volodia. Je n'avais pas douté une seconde que, d'une manière ou d'une autre, nous finirions par visiter cette base militaire. Peu importe quand et comment, mais nous allions y arriver. Quand nous sommes revenus à Makhatchkala, il m'a dit : *« Tu n'as qu'à rester ici, et nous, nous allons y aller en voiture.* » Alors ça, non ! C'était bien la peine d'aller si loin pour rester là à attendre on ne sait quoi. Nous sommes tous montés en voiture. Il devait déjà être dans les deux heures et demie du matin. Deux heures et demie plus tard, nous étions arrivés à destination. Pour être honnête, j'ai dormi durant tout le trajet.

Vous auriez vu la surprise et l'émerveillement dans les yeux de nos jeunes soldats quand ils nous ont vus arriver. Leurs visages étaient fatigués, ils avaient l'air un peu perdus même, comme s'ils voulaient se pincer pour y croire : était-ce vraiment Poutine qui était venu célébrer le Nouvel An avec eux ou étaient-ils en train de rêver ?

Nous sommes restés une heure à la base et nous sommes repartis. Quelques heures après, une bombe a explosé sur la route par laquelle nous sommes passés. Voilà, c'est tout.

Nous sommes rentrés à Moscou. Et le 1ᵉʳ janvier, nous avons été invités chez Boris Nikolayevitch. Je le voyais pour la deuxième fois de ma vie.

MACHA
LA FILLE AÎNÉE DE POUTINE

Nous n'avions pas arrêté d'embêter les parents avec cette question : « *Où allons-nous fêter le Nouvel An ?* » Mais une semaine avant, maman a annoncé que papa et elle ne seraient pas là pour le réveillon. Mais ils ne nous ont pas dit où ils allaient. Ma sœur et moi, nous n'y avons pas prêté plus d'attention que ça. Nous n'étions pas vexées non plus. Nous avons invité une copine, et il y avait aussi notre tante et une cousine qui séjournaient chez nous. Nous avons eu nos cadeaux à l'avance. Nous avions demandé un ordinateur et nous en avons eu deux – un chacune. Les parents sont rentrés le lendemain soir et ils sont de nouveau repartis quelque part. Ce n'est que plus tard, en regardant la télévision, que nous avons appris qu'ils s'étaient rendus en Tchétchénie.

CHAPITRE 8.

LE PÈRE DE FAMILLE

INTERVIEW DE

LOUDMILA POUTINA

«*Je serais curieux d'aller en Amérique latine*»

Vous avez déjà vécu plus de vingt ans avec votre mari. Vous devez tout savoir de lui ?
C'est impossible de tout savoir sur une personne. En chacun, il y a toujours une part de mystère qui reste.

Il n'est pas très bavard ?
Je ne dirais pas que Volodia soit du genre silencieux. Il aime beaucoup parler de sujets qui l'intéressent avec des gens qui l'intéressent. Mais il n'aime pas parler des gens, surtout de ceux avec qui il travaille. Moi, c'est l'inverse. Si je connais quelqu'un ou si je vois quelqu'un à la télévision, j'aurai tendance à exprimer mon avis. Lui, il n'aime pas faire ça.

Alors dites-nous ce que vous pensez de quelqu'un. De Tchoubaïs, par exemple. Vous le connaissez ?
Un peu.

Il plaît aux femmes d'habitude.

Et je crois qu'il ne prend pas les femmes au sérieux, il les traite avec un certain mépris. Je ne suis pas une féministe, mais je veux que les femmes occupent la place qu'elles méritent dans ce monde.

Alors c'est vous qui avez influencé votre mari ? Il dit tout le temps que les femmes en Russie ne sont pas appréciées à leur juste valeur.

Je doute que cela soit dû à mon influence. C'est juste que, parfois, nos avis convergent.

Ça arrive qu'il ne puisse détacher les yeux d'autres femmes ?

Je pense que les belles femmes attirent son attention.

Comment vous le prenez, calmement ?

Quel genre d'homme serait-il s'il n'était pas attiré par de jolies femmes ?

Beaucoup d'hommes, quand ils rentrent chez eux, éliminent le stress accumulé pendant leur journée de travail... c'est le cas chez vous ?

Volodia ne m'a jamais imposé ses problèmes. Jamais ! Il les a toujours réglés tout seul. De plus, il ne parle jamais d'un problème avant de l'avoir réglé. Après, il peut m'en parler. Mais je sais précisément quand il a des problèmes ou quand il est simplement de mauvaise humeur. Il ne sait pas très bien le dissimuler. En général, c'est quelqu'un de très équilibré, mais il y a des moments où il vaut mieux le laisser tranquille.

Sinon, c'est le conflit ?

Ça dépend de ce que vous entendez par là. Si vous voulez parler de scènes de ménage où les assiettes sont cassées et les casseroles volent au-dessus des têtes, dans ce cas-là, non. Il ne hausse jamais le ton. Mais il peut répondre de façon très dure.

Est-ce que ça lui arrive de trop boire ?

Je n'ai jamais eu affaire à ça. Il est assez indifférent à l'alcool. En Allemagne, il aimait boire de la bière. Sinon, il peut boire un peu de vodka ou de cognac.

Vous n'avez jamais été vraiment riches. Mais y a-t-il eu des périodes dans votre vie où vous n'aviez pas à compter l'argent qui vous restait avant la paie de la fin du mois ?

Non, ce n'est jamais arrivé que nous n'ayons pas à compter notre argent. Je ne sais pas. Il faut sûrement être à la tête d'un grand business pour ne pas du tout compter l'argent qui vous reste.

Et c'est vous qui vous occupez des finances à la maison ?
Oui.

VLADIMIR POUTINE

C'est toujours Liouda qui s'occupe des finances. Moi, je n'y prêtais pas attention avant, j'y prête encore moins attention aujourd'hui. Je ne sais pas économiser. Et économiser pour acheter quoi ? Je pense qu'il faut avoir un domicile confortable, bien se nourrir, se vêtir correctement, donner une bonne éducation à ses enfants et avoir la possibilité de partir de temps en temps en vacances. Voilà pourquoi l'argent est nécessaire. Que peut-on vouloir d'autre ?
Si j'avais beaucoup d'argent, je voyagerais. J'ai visité peu de pays exotiques. Je ne suis allé aux États-Unis que deux fois – une fois à New-York, il y faisait très chaud, et une fois à Los Angeles. On ne voit pas grand-chose quand on voyage pour affaires. L'aéroport, l'hôtel, la salle des négociations, l'aéroport et c'est tout.
Je voulais aller en Afrique pour un safari. Au Kenya. J'allais emmener mes enfants, mais ensuite j'ai changé d'avis. Il fallait faire beaucoup de vaccins. J'aimerais bien aller en Inde et dans les pays arabes où je ne suis pas encore allé. Je voudrais voir l'Égypte, l'Arabie Saoudite. Je ne suis jamais allé en Amérique latine. Je serais assez curieux d'y aller. Même si les gens racontent que tout le monde là-bas ressemble aux Soviétiques des années 1950.

À la maison, c'est vous qui cuisinez ?

Je cuisinais. Toujours, le petit-déjeuner, le déjeuner et le dîner. Maintenant, nous avons un cuisinier.

Vous avez remarqué que dans notre pays, dès qu'une personne obtient un poste important, elle commence à grossir ?
Volodia s'entraîne tous les matins, au moins de vingt à trente minutes. Et il nage, matin et soir.

VLADIMIR POUTINE

D'habitude, je ne déjeune pas. Je n'ai pas le temps. Durant la journée, j'essaie de manger des fruits, je bois du kefir* quand je peux. Et quand je ne peux pas, je préfère ne rien manger du tout. Le soir, je dîne. Je n'ai ni l'intention de maigrir ni celle de grossir. Mais voilà, Loudmila, elle, a perdu 15 kilos. Je ne m'y attendais pas. Les filles aussi sont assez frêles.
À la datcha de fonction du Premier ministre où nous vivons en ce moment, il y a une piscine. Pas très grande, 12 mètres de long. J'essaie de nager tous les jours. Et puis comme l'expérience l'a montré, c'est mieux de ne pas laisser tomber les entraînements. Si tu arrêtes, il faut tout de suite acheter des vêtements qui font deux tailles au-dessus. J'ai eu cette période dans ma vie, comme je vous le racontais, où je suis passé du 44-46 au 52... Ensuite, j'ai dû me reprendre en main. Donc à la maison, j'essaye de m'entraîner au moins une demi-heure par jour.
Et puis de temps en temps, ça atteint quand même des niveaux de stupidité... Quelqu'un a raconté à tout le monde que je faisais de la lutte avant. Et voilà que je reçois un coup de fil : «*Nous avons un tournoi de prévu. Quand ordonnez-vous de l'organiser ?*» Moi, surpris : «*Quoi ?*» Et ils me disent : «*En principe, nous avons une date de tournoi, mais quand pensez-vous que nous devrons l'organiser ?*» Je réponds : «*Écoutez, faites ça quand vous voulez.*» Et eux continuent de me demander quand ça serait le mieux pour moi, histoire que je puisse venir. Je n'ai pas pu me retenir et je les ai envoyés balader. «*Si je peux, je viendrai ; si je ne peux pas, je ne viendrai pas. Arrêtez de faire les idiots !*»

* *Lait fermenté*

— «*Avec qui dois-je skier ?*» —

Vous êtes allés skier près de Sotchi, à Krassnaya Poliana. C'est en Allemagne que vous êtes devenus accros ?

Non, avant cela. Les enfants sont bien meilleures que nous. Mais ce jour-là, elles avaient des invités et elles ne sont pas venues avec nous.

VLADIMIR POUTINE

Je fais du ski depuis longtemps. Avant, j'allais à Tcheget, à Slavsk en Ukraine. Je suis allé aussi quelques fois à l'étranger. Loudmila aussi fait du ski. Et cette fois-ci, je m'étais dit qu'elle en faisait pas si mal que ça. Quand nous sommes arrivés en février à Sotchi, les gens ont été très étonnés de nous voir. Mais c'était une réaction amicale, très humaine. Peut-être aussi parce que nous n'étions pas accompagnés de cent cinquante fonctionnaires qui, sans savoir skier, étaient prêts à tenir nos bâtons. Nous sommes descendus une première fois, et quand je me suis approché de la remontée mécanique, j'ai entendu des cris : «*C'est pas possible !*» Les gens me laissaient passer sans faire la queue. Personne n'est venu nous importuner. Certains voulaient qu'on se prenne en photo ensemble. Un grand groupe de gens s'est rassemblé et nous avons été photographiés tous ensemble. En revanche, j'ai refusé de signer des autographes, parce que je n'aurais pas pu faire les deux : skier et distribuer des autographes. J'y aurais passé tout mon temps. Il y avait un autre détail amusant. Quelqu'un a dit : «*Comment se fait-il que vous faites du ski parmi nous ?*» J'ai rigolé : «*Et avec qui dois-je skier ? Des noirs ? Bah, ils ne savent pas skier. Et puis il n'y a pas de neige là où ils vivent.*»

Le soir, vous attendez que votre mari rentre du travail ?

Oui. Et le matin, je me lève avec lui. Vous savez, avant qu'il ne devienne Premier ministre, il se levait facilement le matin, même s'il se couchait vers minuit, une heure. Il était moins fatigué. Aujourd'hui, c'est une pression énorme. Il me semble que c'est juste inhumain. Quand j'ai regardé à la télévision sa rencontre avec Madeleine Albright, j'ai même eu très peur. Il n'avait dormi que quatre heures la veille. Et le matin, sa rencontre avec Albright a duré trois heures. Et ce n'était pas juste une discussion mondaine.

Vous êtes étonnée par sa façon de gérer tout ça ?

Très étonnée. Il est vrai que Volodia a toujours eu une très bonne mémoire. Je me souviens, quand il travaillait encore à Piter, nous avons été invités à une réception au consulat français. C'était au tout début de sa carrière. Volodia était en retard, et nous tous, sept personnes au total, nous l'attendions. Quand il est arrivé, les gens se sont jetés sur lui avec des questions. Et pendant près d'une heure, il a répondu à ces questions. C'était pratiquement une conférence de presse, alors qu'à la base, nous étions juste invités à une réception.

De quoi a-t-il parlé ?

Eh bien, de tout. C'était la première fois que je le voyais en pleine action. J'étais assise, bouche bée. Et lui, il parlait de politique, d'économie, d'histoire, de jurisprudence. Je l'écoutais et je me disais : *« Comment se fait-il qu'il connaisse tout cela ? »* Mais vous savez, j'ai toujours cru en lui. Combien de fois dans sa vie a-t-il dû tout reprendre à zéro ? Il a toujours réussi. Et à Moscou, tout a fonctionné pour lui. Quand il a quitté son poste de maire-adjoint, ça n'a pas été facile. Il aurait pu ne pas trouver de travail. C'était une période très dure. Il se taisait, il ne disait rien, mais moi, je comprenais. Et aujourd'hui encore, je crois en lui et j'ai un peu plus peur pour lui.

Le statut de votre mari a brusquement changé. Cela a dû affecter votre vie de famille. Il y a plus de contraintes. Vos amis ne peuvent pas juste décider de venir vous rendre visite et arriver chez vous à l'improviste. Vos filles grandissent isolées de leurs amis…

Et de l'école. Elles restent à la maison à cause du renforcement des mesures de sécurité. Macha est en 9e*, Katia en 8e**. Leurs

---

* *Équivalent 3e*
** *Équivalent 4e*

professeurs viennent à la maison. Mais leurs copines viennent aussi. Et elles continuent à aller au théâtre, au cinéma... Bien sûr, elles ne sont plus libres comme avant. Mais nos deux filles ont acquis – et je touche du bois – une certaine intelligence des situations. J'espère que tous ces changements ne vont pas les affecter.

MACHA

À vrai dire, j'aimerais pouvoir aller à l'école. Bien sûr, ils me posaient plein de questions sur papa là-bas. Les gens polis n'en posaient pas, mais les gens malpolis, si. Et puis beaucoup étaient très curieux. Quand papa est devenu Premier ministre, tout le monde a commencé à nous respecter, c'était très notable. Mais vous savez, certains voulaient juste nous flatter ou faire les lèche-bottes. Et ça, ça se sent tout de suite. Il y en a aussi à l'école qui se vantent de connaître une des filles Poutine. En général, ceux qui étaient amis avec moi l'année dernière sont restés mes amis.

KATIA
LA FILLE CADETTE DE VLADIMIR POUTINE

En réalité, la politique nous intéresse peu. Nous appelons papa pour qu'il regarde des dessins animés avec nous, et parfois, il vient regarder. Et aussi, nous avons en ce moment un film préféré, *Matrix*, mais papa ne l'a pas vu. Nous lui avons proposé. Il a dit qu'il n'avait pas le temps, mais qu'il le regarderait sans faute plus tard. D'abord, nous sommes allées au cinéma pour le voir, celui qui est à Krassnaya Pressnya, et nous avons vu ce film en russe. Ensuite, nous avons acheté la cassette VHS en anglais. À l'école, nous étudions trois langues – l'allemand, l'anglais et le français.

MACHA

Nous avons beaucoup de devoirs. Même quand nous n'allons pas à l'école, ils nous donnent beaucoup de devoirs.

KATIA

Nous sommes accompagnées de gardes du corps quand nous allons au cinéma. Il y a toujours un homme assis près de nous qui regarde le film, mais je pense qu'il est là pour nous surveiller. Sinon, nous ne remarquons pas trop les gardes du corps. Même quand nous allons quelque part avec des amis, ils ne sont pas loin, ils essaient de ne pas nous déranger. Nous les avons invités des milliers de fois à se joindre à nous pour boire un café, mais ils refusent.

MACHA

Des gens nous demandent parfois : « *Savez-vous ce que votre père a l'intention de faire ?* » Nous ne lui posons jamais la question. Pour quoi faire ? Tout le monde lui pose déjà beaucoup de questions. Nous préférons lui raconter des choses sur nous. Je crois que ça l'intéresse plus.

Elles ont l'air bien toutes les deux. Pourquoi avez-vous décidé d'avoir deux enfants dans la foulée ?
Volodia le souhaitait. Il les aime vraiment beaucoup. Tous les hommes ne sont pas comme lui, si aimant avec leurs enfants. Lui, il les a toujours gâtées. C'est moi qui les ai éduquées.

Et il ne voulait pas un garçon ?
Il a toujours dit : « *On sera heureux avec ce que Dieu nous donnera.* » Il n'a jamais dit qu'il voulait un garçon.

Et cette petite peluche blanche allongée près de la porte, c'est une fille ou un garçon ?
C'est aussi une fille. Elle s'appelle Toska et c'est un caniche nain. Mais maintenant, elle ressemble plus à un bichon maltais. Ça fait longtemps qu'on ne lui a pas coupé les poils. Au début, Volodia ne lui faisait pas confiance. « *Trop petite* », disait-il. Mais aujourd'hui, il l'aime.

Macha et Katia vous parlent du futur ? Qu'est-ce qu'elles aimeraient faire plus tard ?
Macha prononce très sérieusement le mot «management», quant à Katia, elle dit qu'elle veut devenir designer et concevoir des meubles.

Les filles ne voient sûrement pas du tout leur père.
Elles le voient plus souvent à la télévision qu'à la maison. Mais il passe toujours les voir, quelle que soit l'heure à laquelle il rentre. Nous avons une règle avec Macha et Katia. Elles doivent se coucher à onze heures du soir. Si elles se couchent plus tard, alors le samedi, elles n'ont pas le droit d'inviter des copines à la maison. C'est peut-être sévère, mais sinon, elles resteraient debout jusqu'à trois heures du matin. Je suis pour l'autodiscipline. Si elles veulent se coucher à trois heures, elles savent qu'il y aura des conséquences.

Et papa, elles peuvent le mener par le bout du nez ?
Personne ne peut mener papa par le bout du nez.

— «*Les femmes ont du talent,
les hommes sont simplement célèbres*» —

C'est quoi ce livre en allemand qui traîne ? Vous lisez en allemand ?
Oui, c'est un cadeau de la prof d'allemand de mes filles. Elle est allemande. C'est un cadeau très curieux et touchant. Je ne l'ai pas encore lu.

VLADIMIR POUTINE

Vous savez quel est le titre de ce livre ? Ma femme l'a traduit comme ça : «*Femmes douées dans l'ombre des grands hommes*». Mais ce n'est pas tout à fait exact. La traduction littérale serait : «*Des femmes de talent dans l'ombre des hommes célèbres*». Je crois qu'ainsi, c'est beaucoup moins flatteur pour les hommes. Les femmes ont du talent, les hommes sont juste célèbres.

Les femmes qui vivent dans l'ombre de leurs maris hommes politiques n'ont, semble-t-il, pas une vie facile. Les femmes veulent de l'attention, elles veulent être dorlotées...

Je n'ai pas besoin d'être dorlotée. Je suis le genre de femme dont on dit en Russie : « *Prête à arrêter un cheval au galop, à rentrer dans une isba en feu.* » Il y a des femmes qu'on ne dorlote pas.

Mais en revanche, tout le monde s'intéresse aux femmes d'hommes politiques célèbres. Vous avez déjà eu le temps de vous fâcher avec la presse ?

« Se fâcher » ne serait pas le mot approprié. On se fâche avec des gens qui sont proches, qui ne laissent pas indifférents. Il y a des choses désagréables, oui. Par exemple, quand des journalistes viennent voir ma mère ou ma sœur et réclament une interview. Ils arrivent sans prévenir, ils se servent de leur naïveté. Ce qui est désagréable, c'est quand quelqu'un fouille dans votre passé. Ce qui est désagréable, c'est quand ils mentent.

Et quelle est la relation de votre mari avec la presse ? Il regarde la télévision ?

Il regarde les informations, et un film de temps en temps.

Et comment réagit-il ?

Soit il rit, soit il s'énerve, soit il devient triste. Il réagit de façon émotionnelle. Et le samedi soir ou le dimanche, quand il est à la maison, il regarde des émissions politiques.

VLADIMIR POUTINE

Je lis tous les journaux. Les journaux eux-mêmes, pas les revues de presse. Dans n'importe quel ordre. Je commence toujours par celui qui est en haut de la pile. Je lis les *Izvestia*, la *Komsomolskaya Pravda*, la *Sovetskaya Rossiya*, *Kommersant*... Je regarde les infos à la télévision quand j'ai le temps. J'ai regardé les *Kukli* à quelques reprises. Ça ne m'irrite pas, mais certains de mes amis se sentent vexés. Et je pense qu'ils en ont parfaitement le droit.

Vous avez des amis ?
J'ai trois amies proches.

Et votre mari ?
J'ai toujours eu l'impression que Volodia était ami avec la moitié de Saint-Pétersbourg. Nous avions toujours du monde à la maison. Surtout les week-ends. Et même en semaine, en fait. Il y avait toujours quelqu'un qui passait nous voir. Souvent à l'invitation de Volodia. Il aime parler aux gens, s'il n'avait pas cette qualité, il ne pourrait supporter la pression aujourd'hui. Ses amis de Piter viennent aussi nous rendre visite ici et quand ils viennent, ils restent dormir chez nous.

VLADIMIR POUTINE

Je vis très mal le manque de contact avec mes amis. Parce que j'ai de très bons amis. En réalité, nos amis sont notre vie, ils font partie de nous. J'ai ressenti intensément ce manque quand je suis parti à l'étranger. Les premières années, mes amis me manquaient terriblement. Sans eux, c'est le vide et la solitude. Même si j'étais débordé de travail, que j'avais la famille, la maison. J'ai réalisé que nos amis, c'est ce qui fait notre identité. Après la troisième année en Allemagne, j'ai commencé à m'adapter et à nouer de nouveaux liens. Et soudain, j'ai senti avec inquiétude que je n'avais plus envie de prendre des vacances. Je vous jure ! Ça m'a même un peu effrayé.
J'ai beaucoup de copains, mais seulement quelques amis très proches. Ils ne m'ont jamais quitté. Ils ne m'ont jamais trahi. Et je ne les ai jamais trahis. Je pense que c'est ce qu'il y a de plus cher dans la vie. Je ne sais même pas au nom de quoi on pourrait trahir des amis. La carrière ? Ce n'est pas quelque chose qui compte tant que ça pour moi. C'est juste un moyen de faire quelque chose de ma vie, des choses intéressantes. Mais comment faire quelque chose de ta vie, si tu te trahis toi-même ? Pour moi, c'est très simple. Si tu penses que la carrière est un moyen d'arriver au pouvoir, de commander ou de gagner de l'argent, et qu'au nom de ça, tu es prêt à tout sacrifier, c'est un problème. Mais si tu as des priorités dans la vie, des valeurs, alors tu comprends que ça n'a

aucun intérêt de se sacrifier et de sacrifier ceux qui font partie de ta vie. Ça n'a tout simplement aucun sens. Tu y perds plus que tu n'y gagnes. C'est ça le résultat.

Vous devez sûrement aller à des réceptions, être aux côtés de votre mari dans cette nouvelle vie sociale, être à la vue de tous, respecter la bienséance... Est-ce que cela vous pèse ?

Non, si je trouve quelqu'un avec qui discuter. En ce qui concerne les vêtements, c'est plutôt agréable. Une femme aime toujours bien s'habiller. L'autre problème, c'est que la politique ne m'a jamais vraiment intéressée. Je trouve ça ennuyeux.

Et qu'est-ce que vous préférez porter – une jupe ou un pantalon ?

Aujourd'hui, des jupes, avant je préférais les pantalons. Au quotidien, j'aime le tricot – une jupe et un pull. Pour des rencontres officielles, je dois parfois porter des costumes deux pièces.

Du temps de l'URSS, les épouses des dirigeants achetaient leurs vêtements dans la section fermée du GOUM*. Aujourd'hui, où allez-vous quand vous voulez acheter quelque chose ?

Je fais les boutiques, comme tout le monde. Récemment, je suis allée chez Escada et je me suis acheté le pantalon et le pull que je porte aujourd'hui. J'ai passé une semaine à faire des tours en ville pour me trouver une paire de bottes. Je ne l'ai jamais trouvée. Rien ne m'allait.

Est-ce que vous achetez aussi les vêtements de votre mari ?

Il fut un temps où je m'en occupais. Aujourd'hui encore, ça m'arrive parfois. Il n'a jamais vraiment prêté attention à ses habits. Il a toujours eu deux, maximum trois costumes. Et puis un jean et quelques chemises. À la maison, il était toujours en jean et en pull. Ses vêtements sont sans prétention. Aujourd'hui et parce qu'il apparaît en public, il y fait plus attention. Mais sans excès.

* *Le Goum, acronyme de Glavny Ouniversalny Magazin, c'est-à-dire « Magasin principal universel », centre commercial situé sur la place Rouge à Moscou.*

Beaucoup de gens ont remarqué qu'avant, ses manches de costume étaient toujours trop longues. Aujourd'hui, elles sont normales.
   C'est juste qu'avant, c'est moi qui m'en occupais. Et j'étais trop paresseuse pour les raccourcir. Aujourd'hui, nous avons la possibilité de le faire faire dans un atelier de retouches.

Si vous lui achetez une cravate, il la mettra sans broncher ?
   Uniquement si elle va bien avec sa chemise et son costume. Il ne fait rien sans broncher.

Avant, vous portiez les cheveux longs, aujourd'hui courts. Ou allez-vous vous faire couper les cheveux ?
   Chez Irina Baranova. C'était aussi la coiffeuse de Naina Iosifovna Eltsina. Je pense qu'Irina est fantastique. Elle a son propre salon.

Et qui coupe les cheveux de votre mari ?
   Il a plusieurs coiffeurs, ils viennent soit du FSO, soit du FSB. Il n'a jamais vraiment prêté attention à sa coupe de cheveux. Moi, j'aime quand ses cheveux sont coupés très court.

Et vous partez en vacances ensemble ?
   Avant oui. Nous sommes allés deux fois à l'Isthme de Courlande. Nous sommes allés à l'étranger. Mais maintenant... Vous savez, je ne prévois plus rien. J'avais l'habitude de le faire et quand tout tombait à l'eau ou que ça ne marchait pas, ça me faisait très mal. Je ne me sentais pas bien et j'avais de la peine. Et après j'ai compris. Pour ne pas être déçue, c'est plus simple de ne pas faire de projets. Pas de vacances ensemble, pas de fêtes, pas de week-ends...

Vous avez un air si triste quand vous dites ça...
   Non, pas du tout. Je comprenais que ça serait comme ça. Après tout, si je m'en faisais pour moi, j'aurais dit à mon mari : « *Volodia, je t'en supplie, ne fais rien de tout cela. Restons à l'écart. Vivons différemment.* » Mais je n'ai rien dit.

CHAPITRE 9.

LE POLITICIEN

Votre épouse nous a raconté qu'une fois, à l'improviste, vous avez donné une conférence de presse à des Français et que vous avez même répondu à des questions insidieuses sur la politique. Est-ce que vous prendriez le risque de répéter l'expérience avec nous ?
De quoi allons-nous parler ?

De tout.

— « *L'armée va rejoindre les casernes* » —

Le but que vous essayez d'atteindre en Tchétchénie est plus ou moins clair : une défaite totale des rebelles. Mais savez-vous ce que vous ferez en Tchétchénie après cela ?
C'est juste. D'abord il faut finir l'opération militaire. Qu'est-ce que ça veut dire ? Détruire les grands gangs de bandits, c'est-à-dire les détachements qui comptent dix rebelles et plus. Parallèlement, il faut renforcer le rôle des organes de sécurité, rétablir l'autorité du

gouvernement. Nous devons nous occuper des problèmes sociaux – des écoles et des hôpitaux. Nous devons commencer à créer plus d'emplois. Et après cela, organiser des élections. Il est indispensable d'élire à la Douma un député représentant la République de Tchétchénie. Et selon la situation, il sera peut-être nécessaire d'y introduire le «régime du président»*.

Et pour combien de temps ?
Pour un an et demi – deux ans. Le temps de rétablir l'autorité de toutes les agences gouvernementales et permettre une transition vers de nouvelles procédures politiques : l'élection d'un gouvernement local et d'un dirigeant pour la République. Au préalable, il sera indispensable de former les gens sur lesquels nous pourrons nous appuyer.

Et qui allez-vous nommer à ces postes ? Des gens de Moscou ? Des Russes ? Des Tchétchènes ?
Il y a plusieurs options. Y compris une direction mixte. Il y a beaucoup de possibilités. Nous devons prendre une décision, choisir des gens non pas sur un principe ethnique, mais selon leurs compétences.

Mais nous avons déjà connu tout ça – dans une forme certes différente –, mais nous avons eu des élections, des agences gouvernementales, de l'aide sociale. Et après, les rebelles ont repris Grozny en un claquement de doigts. Aujourd'hui, nous n'avons aucune garantie que ça ne va pas se reproduire.
Vous savez quelle est la garantie ? Je peux le répéter : les bandits seront éliminés. N'importe quelle personne qui prendra les armes sera éliminée. Avec les autres, nous serons prêts à discuter. Ils pourront élire un dirigeant pour leur République. Nous sommes prêts à signer un accord avec la Tchétchénie. Combien y a-t-il d'accords différents possibles pour une séparation des pouvoirs ? L'humanité n'a-t-elle pas élaboré de multiples possibilités pour permettre à des minorités ethniques de vivre ensemble dans un seul État ? Oui, nous devons chercher un compromis. Et nous allons le trouver. Mais personne, jamais, ne nous imposera un règlement par la force.

* *Suspendre la gouvernance des autorités locales.*

LE POLITICIEN

Et nous, ce n'est pas par la force que nous allons le leur imposer ? Vous pensez vraiment qu'il ne restera plus aucun Tchétchène voulant venger la mort d'un proche ?

Les actions menées aujourd'hui par la Russie là-bas sont une réponse à une provocation. Les bandits ont pillé la Tchétchénie, ils ont pillé leur propre peuple. Pendant trois ans, ils ont volé aux habitants leurs salaires, leurs retraites, leurs allocations. Et une majorité des habitants de Tchétchénie dit que les responsables sont ceux qui dirigeaient la Tchétchénie pendant ces années-là.

Et vous, vous avez l'intention d'imposer un diktat ?

Absolument pas. Nous usons de la force non pas contre le peuple, mais contre les bandits. Ce sont eux qui ont essayé d'imposer aux Tchétchènes des règles de vie, ils voulaient même leur dicter la façon de prier Allah. Nous allons rétablir l'ordre, dans cette République, les gens vivront au calme et en paix, ensuite nous organiserons des élections et nous nous mettrons d'accord avec les nouveaux dirigeants sur la répartition des pouvoirs entre autorités locales et fédérales. Tout en prenant en compte le fait que, quoi qu'il arrive, nous allons devoir vivre ensemble. Vous avez une meilleure idée ? Devrions-nous partir, tout abandonner et attendre qu'ils nous attaquent à nouveau ? Ça ne serait pas criminel ? Ne serait-il pas criminel d'abandonner les civils tchétchènes et saper l'autorité de la Russie ?

Et l'armée ?

L'armée fera ce qu'elle a à faire, puis les hommes rejoindront leurs casernes.

—— «*Nous sommes tout de même européens*» ——

La Tchétchénie, ce n'est pas tout le pays. De quoi le pays a-t-il besoin avant tout ? Quelle est la priorité ?

Nous devons définir des objectifs clairs et précis. Et non pas en parler comme ça, en passant. Ces objectifs doivent être compréhensibles pour tous. Comme le «Code moral du bâtisseur du communisme»[*].

[*] *Douze règles, sorte de commandements du communiste que chaque membre du parti et du Komsomol devait connaître par cœur.*

Et quelle sera la première ligne de ce code ?
Les valeurs morales.

Nous allons de nouveau chercher une « voie particulière » pour la Russie ?
Nous n'avons rien à chercher. Tout a déjà été trouvé. C'est la voie d'un développement démocratique de notre pays. Bien sûr, la Russie est un pays très diversifié, mais nous sommes une partie de la culture européenne occidentale. Et en cela réside notre principale valeur. Où que vivent les nôtres, en Extrême-Orient ou dans le sud du pays, nous sommes des Européens.

Encore faudrait-il que l'Europe pense de même…
Nous allons tout faire pour rester là où nous nous trouvons, géographiquement et moralement. Et si on nous repousse, alors nous formerons des unions pour devenir plus forts. Comment faire autrement ? Nous le ferons.

— *« Et vous, vous auriez dérouté l'avion ? »* —

Quel est aujourd'hui le problème dans nos relations avec l'OTAN ?
Nous ne nous sentons pas traités comme des participants à part entière de ce processus. Si on nous accordait un véritable droit de décision, alors la situation ne serait pas si terrible que ça.

La situation en Yougoslavie a montré que des décisions peuvent être prises sans la Russie.
C'est justement le problème ! Nous n'avons pas besoin de ce genre de relations.

Vous étiez secrétaire du Conseil de sécurité quand les évènements en Yougoslavie ont commencé. Est-ce que le président ou le Premier ministre étaient intéressés par votre opinion sur la situation ?
Le président réglait ces questions directement avec le ministère de la Défense et le ministère des Affaires étrangères.

Si vous étiez à la place de Primakov, auriez-vous aussi ordonné aux pilotes de votre avion de faire demi-tour au-dessus de l'Atlantique ?*
Possiblement. Primakov s'est retrouvé dans une situation très compliquée. Oui, il aurait pu arriver jusqu'à Washington et utiliser sa visite comme tribune pour exprimer la position de la Russie sur ce dossier. Mais les Américains auraient aussi pu l'utiliser à leurs fins. Ils auraient pu interpréter l'arrivée du Premier ministre russe sur leur sol comme le signe que la Russie était d'accord avec leur proposition de règlement du problème yougoslave. Le moyen qu'ils ont choisi de résoudre le problème en Yougoslavie était prédéterminé avant la chute de l'URSS.

Alors pourquoi ces provocations, si de toute façon la Russie affaiblie ne pouvait pas faire grand-chose ?
Ce n'est pas exact. Même dans son état actuel, la Russie peut faire beaucoup. Il aurait fallu analyser la situation plus tôt, avant le début des bombardements en Yougoslavie, pour voir de quelles ressources nous disposions pour influencer nos partenaires. Nous aurions pu travailler de façon plus étroite avec les pays qui ne souhaitaient pas un tel développement de la situation.

— « *Ils viendront où et quand nous leurs dirons de venir* » —

Vu que nous parlons de notre intégration dans les affaires européennes, revenons encore une fois à la Tchétchénie. Vous imaginez une situation dans laquelle il aurait été possible de faire intervenir des forces de maintien de la paix ?
C'est absolument exclu. Si nous reconnaissons que la Tchétchénie est un état indépendant, alors oui. Dans ce cas de figure, la Tchétchénie pourrait faire venir une force de maintien de la paix.

---

* *Épisode célèbre : le 23 mars 1999, lorsque l'Otan frappe la Yougoslavie, Evgueni Primakov, alors Premier ministre, ordonne de faire demi-tour au-dessus de l'Atlantique aux pilotes de l'avion qui l'emmène à Washington pour négocier l'aide du FMI.*

Ils avaient dit que le Kosovo resterait au sein de la Yougoslavie et pourtant, ils y ont fait entrer leurs troupes.

C'est pour ça que nous refusons toutes les options comme celle du Kosovo. Rien de similaire à ce qui se passe en Yougoslavie n'est possible et acceptable. D'autant plus que tout ce que les alliés de l'OTAN ont obtenu au Kosovo est en contradiction directe avec les objectifs mêmes que l'OTAN s'était fixés.

Vous dites : « *Nous refusons ces options.* » **Vous ont-ils vraiment demandé votre avis ?**

Supposons qu'ils nous proposent un médiateur pour régler le conflit en Tchétchénie. Mais nous n'avons besoin d'aucun intermédiaire ! C'est le pas vers l'internationalisation d'un conflit. D'abord des médiateurs, puis je ne sais qui d'autre, puis des observateurs internationaux, puis des observateurs militaires, puis un contingent... Et c'est parti.

Et pourquoi pas des observateurs de l'OSCE ?

En Tchétchénie ? Seulement après la fin des opérations militaires et la destruction des gangs armés. Ils viendront où et quand nous leur dirons de venir. Quand nous les autoriserons à venir et quand nous estimerons que leur venue sera appropriée.

Avec une telle approche, nous ne sommes pas près d'intégrer l'Europe...

Ça dépend de quelle Europe vous voulez parler. Faisons une petite analyse : oui, le monde a changé et l'Europe a changé, ce n'est pas un secret. La charte des Nations unies a été rédigée dans un tout autre contexte – nous étions alors le principal vainqueur de la Seconde Guerre mondiale. Aujourd'hui, hélas, nous sommes devenus plus faibles, mais la charte des Nations unies est toujours appliquée. Ça n'arrange pas tout le monde. Ils essaient de la changer ou de la contourner par exemple, par des décisions de l'OTAN. Nous ne devons pas accepter ça.

D'ailleurs, beaucoup ont oublié qu'à la fin des années 1940, quand l'OTAN se créait, l'Union soviétique avait annoncé son intention de rejoindre ce bloc. Mais ils ne nous ont pas laissés entrer. En réponse à cela, nous avons formé le Pacte de Varsovie avec d'autres pays d'Europe de l'Est. Cet accord, qui était une réponse directe à la formation de l'Alliance Atlantique, n'existe plus aujourd'hui.

Ne devrions-nous pas reconsidérer l'idée d'une adhésion à l'OTAN ?
Nous le pouvons bien sûr, mais pas en ce moment. Tout dépend de quelle sorte d'OTAN nous sommes en train de parler. Si nous parlons de cet OTAN qui, en violant la décision de l'ONU, a agi au Kosovo, alors même théoriquement, envisager une telle option n'est pas intéressant pour nous. Si nous parlons d'une sérieuse transformation de ce bloc, en priorité en une organisation politique, prête à coopérer de façon constructive avec la Russie, alors il y a matière à discussion. En un mot, je ne vois pas de raison qui pourrait empêcher le développement de la coopération entre la Russie et l'OTAN, mais je le répète, ça se fera uniquement à la condition que nous soyons traités comme un partenaire égal.

Dans tous les cas, même quand nous faisons ces suppositions, il faut comprendre que c'est du long terme. Car il y a beaucoup de problèmes – politiques, économiques, militaires. Et par exemple, n'importe quelle alliance, l'OTAN n'est pas une exception, établit des standards d'armement tels qu'ils affectent les intérêts de l'industrie militaire des pays qui en font partie.

Mais que pensent de tout ça les membres de l'OTAN eux-mêmes ?
Je pense qu'ils craignent une destruction de l'OTAN de l'intérieur. Et je les comprends très bien. Nous sommes une puissance dominante. Aujourd'hui, il y a une force unique – les USA. Bientôt, il y en aura une seconde, peut-être pas aussi puissante que la première, mais capable de perturber l'équilibre. Les pères fondateurs de l'OTAN craignent que l'organisation ne change en profondeur. De notre point de vue, ça changerait en bien, de leur point de vue, en mal.

Oui, mais ce n'est pas clair. La Russie a critiqué l'OTAN parce qu'elle n'a pas été consultée en tant que partenaire égal pour le règlement du problème yougoslave. Et si nous l'avions été ?
C'est justement le problème. Si nous avions été consultés, cette décision n'aurait pas été prise. Nous n'aurions jamais accepté une telle

ingérence dans les affaires internes d'un pays souverain. Elle ne peut être justifiée par rien, pas même par la prétendue urgence humanitaire d'intervenir. J'estime que cette opération était une grande erreur, et dans le domaine des relations internationales, elle représente une violation des principes de base du droit international.

Et qu'en est-il de l'entrée des troupes du Pacte de Varsovie en Hongrie en 1956 et en Tchécoslovaquie en 1968 ? N'étaient-ce pas des erreurs majeures ?

Vous avez oublié qu'en Allemagne aussi, en 1953, nous avons employé la force. À mon avis, c'étaient de grandes erreurs, oui. Et la russophobie que nous observons aujourd'hui en Europe orientale est précisément le fruit de ces erreurs.

Mais nous avons commencé à parler des relations de la Russie avec l'Europe et nous avons tout ramené aux relations avec l'OTAN. Malgré tout le nord-atlantisme de la politique européenne actuelle, il ne faut pas oublier que l'OTAN et l'Europe ne sont pas une seule et même chose. Et comme je l'ai déjà dit : nous, nous sommes un pays de culture européenne et non pas otanienne.

— *« L'État veut et peut »* —

Nous disons constamment que la Russie est affaiblie et qu'à cause de ça, nous avons de nombreux problèmes en interne et à l'étranger. Votre idée, c'est qu'il faut rétablir les structures de l'État, rebâtir un État fort. Ça, c'est clair. Mais est-ce que ça ne veut pas dire aussi restaurer la propriété d'État ?

Bien sûr que non. Nous devons avoir une propriété d'État, mais dans une proportion limitée. Uniquement dans les domaines où il le faut vraiment. Comme l'industrie militaire.

Est-ce que ça veut dire qu'il faut étendre le secteur privé ?

La première chose qu'il faut faire, c'est garantir le droit de propriété. J'estime que l'une des principales missions de l'État, c'est de créer des règles communes sous la forme de lois, d'ordonnances, de décrets. Deuxièmement, il faut appliquer ces règles et garantir leur respect.

Oui, mais nous avons déjà créé ces ordonnances et ces règles, ces décrets et ces lois, et qu'avons-nous obtenu comme résultat ?

Vous avez raison. Et c'est pour ça qu'il y a un tel déficit de confiance du peuple envers l'État. Regardez toutes ces lois qui ont été votées dans la sphère sociale. Par exemple, la gratuité des transports en commun pour les militaires. La loi est passée, mais dans les faits, les militaires continuent à payer pour les transports. Et des exemples comme ça, il y en a beaucoup. Pour changer la situation, le gouvernement va devoir faire passer des mesures impopulaires.

Quelles mesures impopulaires ?

Nous allons devoir revoir toutes les mesures sociales que le gouvernement a votées ces dernières années sans pouvoir les garantir. Nous n'avons pas le choix.

Et plus concrètement ? Si on garde l'exemple des transports en commun pour les militaires ?

Certainement. Ne serait-il pas mieux d'augmenter les salaires de certains citoyens, y compris les militaires ? Si nous leur donnons ne serait-ce qu'un petit peu plus d'argent, ils pourront payer leurs titres de transport eux-mêmes et ne se retrouveront pas dans cette situation humiliante. Mais si les autorités ont dit qu'elles verseraient à ces citoyens une compensation pour l'achat de leurs billets, alors elles doivent le faire.

Je suis certain que l'opposition de gauche va immédiatement nous sauter dessus avec des critiques, en disant que nous privons les gens de leurs avantages, que c'est un coup dur pour les travailleurs infortunés qui ont déjà du mal à s'en sortir. Mais un gouvernement qui ne remplit pas ses obligations n'est pas un gouvernement. C'est pour ça qu'il y a un tel manque de confiance.

— « Un parti avec des cafards » —

Donc vous faites un deal avec les partis de gauche parce qu'ils vous seront très utiles quand vous ferez passer des mesures impopulaires ? C'est pour ça que vous aviez tant besoin de Selezniov comme speaker à la Douma ?

Moi ? Besoin d'eux ? Au contraire, j'ai dit à Selezniov et à Ziouganov de trouver un nouveau visage, même si c'était quelqu'un issu de leur propre camp.

Mais ça reste un communiste ! Vous n'avez pas vraiment opté pour la nouveauté…
Écoutez, il y a toujours eu une coopération avec les communistes dans notre Douma. Pas une seule loi n'est passée sans le soutien des communistes. Et il n'y a aucun deal avec les communistes, soyons sérieux. Je crois qu'il y a deux façons de traiter avec les communistes. Ils ont toutes leurs chances de devenir un parti parlementaire moderne, dans le sens européen de ce terme. Nous avons beaucoup de partis politiques différents, de groupes, d'associations qui se créent sans réelle base sociale. Et il y a les communistes – l'unique réel grand parti qui a une base électorale forte, mais qui est infecté par des « cafards » idéologiques.

Nommez ces cafards.
Par exemple, leurs demandes de confisquer les propriétés privées et de tout nationaliser.

Et ça ne va pas arriver ?
Certainement pas. Il n'y aura pas de nouvelle tragédie majeure. Et il n'y aura pas de partenariat avec les communistes tant qu'ils resteront sur cette position. S'il est établi par une cour de justice et que des preuves sont apportées que des actions illégales se seraient produites par le passé, c'est autre chose. Mais nationaliser et confisquer en dehors de toute procédure judiciaire, c'est une catastrophe. Notamment parce que ça serait la porte ouverte à l'arbitraire.

Soit les communistes changent de programme et ils deviennent un grand parti de gauche, sur le modèle européen ; soit ils n'arrivent pas à le faire, leur base sociale se réduira comme peau de chagrin et ils disparaîtront de la scène politique.

Ce n'est sûrement pas ce qu'ils pensent.
Ça peut vous paraître très surprenant, mais leurs leaders le comprennent très bien. Et je pense qu'ils se préparent à des

changements. Ils ne peuvent pas le faire aujourd'hui, ils ont peur que leurs électeurs interprètent ça comme un acte de trahison. Or là, c'est très important de ne pas laisser passer le bon moment pour comprendre ce qu'il faut changer en interne.

— «*Ah, le tribunal... la belle affaire...*» —

Pour beaucoup de gens, la notion de «pouvoir fort» est associée à la dictature. Moi par exemple, je préfère une autre formule – non pas un pouvoir fort, mais un pouvoir efficace.

Vous pouvez appeler ça comme vous voulez. Mais comment ce pouvoir deviendra-t-il efficace ? Comment va-t-il contrôler la mise en œuvre des règles qu'il a établies ?

Les tribunaux doivent se mettre au travail, tout comme les forces de l'ordre, les cours d'arbitrage. Le rôle de ces institutions a changé, et nous, nous refusons de le comprendre. Ce rôle a commencé à correspondre à ce qui est inscrit dans la loi. Pourquoi ne payons-nous pas les juges et les agents des forces de l'ordre comme ils le méritent ? Parce que l'idéologie soviétique gouverne encore nos consciences. Souvenez-vous de ce que l'on se disait à l'époque : «*Ah... Le tribunal, la belle affaire ! Ce n'est rien ! Le comité du district du Parti, ça oui. Là-bas, il y a des gens qui prennent de vraies décisions. Et les juges, qu'est-ce qui dépend d'eux ? Ils font toujours ce qu'on leur dit de faire.*»

Les gens pensent encore que les tribunaux ne sont pas si importants que ça, qu'il ne faut pas payer ces employés plus que les autres fonctionnaires. Ou les notaires par exemple. Dans le système français, si un notaire a mis son tampon sur un document, ça ne fait pas seulement force de loi, c'est une décision en béton armé. Et le notaire n'a pas le droit de se tromper, parce que dans ce cas-là, c'est lui qui compense les dommages. Deux erreurs, et il est ruiné. Et parce qu'il prend ce risque, il est payé une fortune.

Notre société doit comprendre qu'il y a une minorité, une certaine catégorie de personnes à qui l'État doit verser un très bon salaire. Pour qu'ils puissent sécuriser les intérêts de la majorité. Quand est-ce que nous allons enfin comprendre ça !? Notre peuple n'est pas stupide. C'est juste que personne ne lui a encore expliqué ces choses-là de la bonne façon.

Mais on nous a déjà tout expliqué sur le rôle des tribunaux ! Ça fait dix ans qu'on nous explique. Mais les tribunaux ne changent pas en mieux, ni le regard que les gens portent sur eux. Est-ce que vous avez une autre explication à cela ?

Il faut persister. Sans ça, rien ne changera. Et il faut augmenter les salaires des juges.

— *« Porteurs de connaissances »* —

Les gouverneurs ne vont certainement pas apprécier toutes vos idées sur ce pouvoir « efficace » et la façon de diriger le gouvernement. Ils risquent de craindre que vous ne mettiez à mal leur indépendance.

J'estime que les autorités locales doivent être maintenues, ainsi que le système d'élection des gouverneurs. Mais tous ces liens doivent être plus équilibrés. Si nous maintenons les élections des gouverneurs, dans ce cas il faudra réfléchir à la possibilité de les sanctionner pour des mauvaises actions. Par exemple, avoir la possibilité de les limoger.

Élus par les uns, limogés par un autre ?

Nous pouvons élaborer d'autres systèmes les rendant dépendants du centre. Il ne peut y avoir d'indépendance totale.

Vous voulez dire qu'il faut mettre en place un système de contrôle.

De contrôle et d'influence. Il faut que tous les sujets de la Fédération de Russie* soient placés dans des conditions économiques égales les unes aux autres par rapport au centre fédéral. Nous avons signé de nombreux accords portant sur la séparation des pouvoirs, mais certains membres de la Fédération ont toujours des privilèges injustifiés que d'autres n'ont pas.

* 85 régions, républiques, kraïs, villes fédérales et districts autonomes

Le Tatarstan par exemple ?
Par exemple, le Tatarstan.

Mintimer Chaïmiev* pourrait ne pas vous comprendre.
Vous vous trompez. Il comprend très bien. J'ai récemment parlé de ce problème avec lui. Et de façon générale, Chaïmiev est d'accord avec moi. Tout le monde comprend ce qui érode la sphère économique et politique globale. Et c'est une de nos priorités. La prochaine étape, c'est la science et l'éducation. Parce que si nous ne formons pas de managers modernes, si nous n'avons pas une compréhension moderne de ce qu'il faut faire et comment nous devons le faire, si nous n'avons pas de « porteurs » de ces connaissances, il sera impossible d'atteindre nos objectifs.

Oui, mais tous ces « porteurs » ont déjà quitté le pays...
Pas tous. Et nous avons su préserver le plus important – les sciences fondamentales et l'éducation. Si nous perdons cela, alors oui, ça sera la fin.

— *« Nous n'avons pas besoin de tant d'argent que ça »* —

Et où est-ce que vous trouverez l'argent pour financer tout ça ?
Vous savez, nous n'avons pas besoin de tant d'argent que ça. Ce n'est pas un problème d'argent. C'est un problème de mentalité.

Alors si on se base sur cette « mentalité », combien seriez-vous prêt à payer, par exemple, de jeunes spécialistes ?
En Occident, ils sont payés dans les 5000$. Et si nous, nous pouvions aller jusqu'à 2000$?

Oh !
Oui. Et je parie que la grande majorité de ces spécialistes ne voudraient plus quitter le pays. Vivre dans son pays, parler sa langue, être entouré de ses proches, de sa famille, de ses amis et être payé un peu plus que les autres, c'est déjà très avantageux.

* *Président de la République russe fédérée du Tatarstan, poste qu'il occupa depuis sa création jusqu'au 25 mars 2010*

Ce n'est toujours pas clair... Vous voulez augmenter les salaires des juges, des fonctionnaires en général et des militaires. Mais vous voulez aussi de l'argent pour financer l'éducation et la science. Où est-ce que vous comptez le trouver ? Demain, si l'Amérique décide de vendre toutes ces réserves stratégiques de pétrole, les prix du brut vont chuter et alors...

Cet argent, nous l'avons, c'est juste qu'il nous file entre les doigts. Tant que nous n'avons pas un État fort, nous allons continuer à dépendre des réserves stratégiques d'untel ou d'untel.

— *« Des corrections sont possibles »* —

Vous êtes juriste. La loi est-elle immuable ?

La loi doit être respectée, mais si elle devient obsolète, elle doit être changée. Un des postulats de la théorie du droit dit que la loi est toujours en retard sur la vie.

Et qu'en est-il de notre Constitution ? Elle est aussi en retard sur la vie ?

Ce sont des principes généraux qui doivent être inscrits dans la Constitution, c'est pour cela qu'elle vit plus longtemps qu'une loi normale. Et c'est bien ainsi, puisque la Constitution garantit à la société des règles du jeu données sur du long terme. Mais il est possible d'y apporter des corrections.

Donc il serait nécessaire de modifier, par exemple, le chapitre sur les pouvoirs présidentiels ? Doivent-ils être limités ? En ce moment, certains proposent d'amender la Constitution dans le sens inverse, en augmentant la durée du mandat présidentiel à sept ans.

Je ne sais pas. Peut-être que quatre ans suffisent pour réellement faire quelque chose. Mais quatre ans, c'est un délai très court. Les technologues avec qui nous travaillons établissent un programme d'action pour chaque année. La première année, on définit les objectifs, on forme les équipes. La deuxième et la moitié de la troisième année, on arrive par étapes à des résultats concrets. La fin de la troisième année, le début de la quatrième, on présente nos résultats et on entre dans la prochaine phase électorale. Et si ce cycle est interrompu, alors tout va à vau-l'eau. Simplement, il devient impossible d'agir et de se préparer aux prochaines élections.

— « *Un monarque peut penser au destin de son peuple* » —

Et en ce qui concerne les pouvoirs présidentiels ?
Je ne l'exclus pas, des amendements sont possibles. Mais il faut regarder attentivement la façon dont les choses sont formulées pour voir si ça correspond ou non aux intérêts de l'État et de la société dans son ensemble. Si dans le chapitre sur les pouvoirs présidentiels, il y a des droits excessifs, alors nous devons penser à les réviser. J'estime qu'il faut que cela fasse l'objet de discussions approfondies. Mais depuis le tout début, la Russie a été pensée et créée comme un État super centralisé. C'est dans son code génétique, ses traditions et la mentalité de ses habitants.

Si vous voulez parler de ces questions d'un point de vue historique, alors il ne faut pas oublier que la monarchie fait aussi partie de nos traditions. Est-ce que ça veut dire pour autant qu'il faut la restaurer ?
Je pense que cela est peu probable. Mais en général… à certaines périodes… à certains endroits… et à certaines conditions, la monarchie a joué et joue encore aujourd'hui un rôle positif. Prenons l'Espagne. La monarchie y a joué un rôle décisif dans la libération du pays du despotisme et du totalitarisme. La monarchie était un facteur de stabilité. Le monarque ne s'inquiète pas de savoir s'il sera élu ou pas, il n'a pas besoin de petites manœuvres politiques, ni de chercher à influencer son électorat. Il peut penser au destin de son peuple sans être distrait par ces broutilles.

Et le Premier ministre peut penser à tout le reste ?
Oui, le gouvernement.

Mais en Russie, c'est impossible.
Vous savez, beaucoup de choses nous semblent impossibles et irréalisables, puis paf ! Voyez ce qu'il s'est passé avec l'Union soviétique. Qui aurait pu prévoir qu'elle allait simplement s'effondrer ?

Même dans nos pires cauchemars, nous n'aurions pas pu l'imaginer.

Étiez-vous présent à l'enterrement des restes de la famille impériale à Saint-Pétersbourg ?
Non.

Et qu'en pensez-vous ? Ces funérailles, c'était la bonne chose à faire ?
Je pense que oui.

— « *Un esprit si vif* » —

Est-ce que l'État doit être en relation avec le monde des grandes affaires ?
Absolument. Parce que beaucoup de choses dépendent du monde des affaires. Mais ces relations doivent être régies par la loi et un certain nombre de règles établies. D'ailleurs, le monde des affaires lui-même voudrait que l'État n'ait pas de favoris parmi les businessmen, que tous soient traités sur un pied d'égalité.

Donc, des relations avec le monde des grandes affaires ne sont pas exclues ?
Bien sûr. J'estime que l'État doit être à l'écoute aussi bien des ouvriers, via leurs porte-voix que sont les syndicats, que des représentants du grand business, des associations d'entrepreneurs. Beaucoup de choses dépendent de la façon dont ils font des affaires et définissent la politique de leurs firmes, de leurs grandes entreprises. Pourquoi devrais-je faire semblant d'y être indifférent ? Ça ne serait pas juste. Mais il vrai que l'État ne doit pas diriger le business.

En parlant de favoris, Boris Berezovsky a déclaré dans une interview qu'il venait vous voir une fois par mois. C'est exact ?
Probablement moins souvent.

Et qui en prend l'initiative ?
Lui. Il a un esprit très vif et il fait beaucoup de propositions. Toutes sont plus ou moins liées au Caucase. La Tchétchénie, la Karatchaïévo-Tcherkessie. Après tout, il était adjoint du secrétaire général du Conseil de sécurité. Il a travaillé sur ces questions.

À ce propos, je voulais dire qu'à mon avis, ses propositions sur la Tchétchénie n'étaient pas réalistes et efficaces. C'est pourquoi aucune n'a été acceptée. Mais je ne rencontre pas seulement Berezovsky. De temps en temps, je vois d'autres businessmen, par exemple Piotr Aven, Potanin et Alekperov.

— « *Nous avons bu de la bière pendant longtemps* » —

Votre femme nous a dit que vous n'aimiez pas parler des gens avec lesquels vous travaillez. Mais nous, les gens, ça nous intéresse. Boris Nikolayevitch par exemple...
Vous voulez que j'évalue son rôle historique ?

Vous étiez tout de même en relations avec lui, des relations personnelles.
Nous n'étions pas particulièrement proches avec Boris Nikolayevitch, nous avions juste une bonne relation de travail. Il était bon avec moi, et pour ça, je lui suis très reconnaissant. Je ne l'ai pratiquement jamais vu chez lui.

Et vous ne jouez pas au tennis ?
Et je ne joue pas au tennis. Avant sa démission, j'ai rendu visite à Eltsine chez lui uniquement pour affaires, avec des documents à traiter. En outre, je peux dire que ce n'est qu'au moment où il a commencé à parler de la question de sa démission que j'ai senti pour la première fois une certaine cordialité chez lui. J'ai compris ce qu'il ressentait.

Vous lui téléphonez ?
Oui. Aujourd'hui, nous parlons plus souvent qu'avant sa démission. Avant, ça ne me serait pas venu à l'esprit de l'appeler juste comme ça. Je pouvais prendre le téléphone et lui passer un ou deux coups de fil pour le travail. Aujourd'hui, notre relation est différente. Je peux l'appeler pour bavarder.

Et passer le voir ?
Je passe le voir. Il n'y pas longtemps, je suis allé chez lui pour le

travail, et Boris Nikolayevitch m'a dit : «*Restez dîner. Nous allons manger des sushis.*» Apparemment, il avait goûté une fois des sushis au restaurant et ça lui avait plu. Alors sa femme et ses filles ont décidé d'organiser pour lui un dîner japonais à la maison. Je suis bien sûr resté. Après, nous avons bu de la bière et papoté pendant un long moment.

Et Eltsine lui-même, il vous téléphone ?
Il m'a appelé plusieurs fois. Ça l'intéressait de savoir comment allaient nos affaires dans le Caucase. Après, il m'a aussi demandé quel était l'état de nos troupes, si tout allait bien. Il m'a aussi téléphoné pour parler du sommet de la CEI*. Nous nous sommes vu pour évoquer les questions qui devaient être soulevées lors de la rencontre entre chefs d'État membres. Nous avons parlé du *leadership* de la Communauté. Son expérience et ses conseils sont très précieux.

— «*Il n'y a plus d'illusion possible*» —

Tout le monde se demande si vous allez affronter Loujkov, comme vous l'avez fait avant ?
Affronter Loujkov ? Je n'ai jamais été en conflit avec lui.

D'accord. Vous allez essayer de vous en débarrasser ou vous allez travailler avec lui comme avec n'importe quel membre du Conseil de la Fédération ?**
Je vais travailler avec lui, bien sûr. En outre, je suis même prêt à m'appuyer sur lui, en tant qu'homme influent dans une des plus grandes régions de notre pays – notre capitale. La condition, c'est que ses propres actions soient dirigées vers un renforcement de l'État.

Et jusqu'à présent, vers quoi étaient-elles dirigées ?
Jusqu'à présent, elles servaient dans une large mesure ses ambitions politiques personnelles. Quand un leader régional a de telles

---

* *Communauté des États indépendants, entité intergouvernementale composée de 9 des 15 anciennes Républiques soviétiques.*
** *Sénat*

ambitions, je pense que c'est très destructeur pour le pays. D'ailleurs, je ne crois pas que cela se produise à cause de quelques aspirations agressives, mais bien à cause d'une certaine faiblesse du pouvoir central. Car dès que les leaders régionaux sentent que le pouvoir central est fort et effectif, ils reviennent à leurs prérogatives telles qu'elles sont définies par la Constitution. Ils commencent à s'occuper de leurs affaires.

Comme la voie périphérique ?
Oui. Comme la voie périphérique.

Il se raconte que beaucoup d'argent a été volé sur ce chantier.
Quand j'entends que quelqu'un accuse quelqu'un d'autre de vol ou de corruption, j'ai toujours envie de demander : et la présomption d'innocence, vous en faites quoi ? Si un crime n'a pas été prouvé, personne n'a le droit de porter des accusations contre quelqu'un. Et bien sûr, tout le monde sait que c'est une spécificité bien russe. Vous vous souvenez, du temps de l'Union, il y avait cette blague. Brejnev vient voir Carter. Carter lui dit : «*Regarde, tu vois ce pont comme il est joli ? – Je vois*», répond Brejnev. «*D'un côté, il y a cinq voies de circulation, et cinq de l'autre... Mais selon les plans initiaux, il devait y en avoir dix d'un côté et dix de l'autre. – Eh bien, où sont-elles passées ? – Elles sont là !*», répond Carter en pointant du doigt le mobilier de la Maison-Blanche. Brejnev se dit : «*Bon, d'accord !*» Puis c'est Carter qui vient lui rendre visite. Brejnev lui dit : «*Tu vois la Moskova ? – Je la vois*», répond Carter. «*Et le pont là, tu le vois ? – Non, je ne le vois pas. – Eh bien, c'est parce que tout est là !*», répond Brejnev en montrant le mobilier du Kremlin. Bien sûr, nous pouvons supposer que quelqu'un a triché durant la construction de la voie périphérique, mais au moins, cette route est là ! Et nous pouvons en être fiers. Et si quelqu'un pense que des fonds ont été détournés, qu'il vienne le prouver.

Comment pensez-vous que Loujkov va vous traiter ?
Je suis certain qu'il aura une attitude constructive. Je ne pense pas qu'il ait l'occasion de se comporter autrement.

À quoi faites-vous allusion ?

À rien. Pas à des mesures coercitives, en tout cas. Je pense qu'il y a eu un moment où beaucoup ont pensé que le président, comme centre du pouvoir, n'existait plus. Avant, tout le monde se comportait de façon très loyale. Je ferai en sorte que personne n'ait plus ces illusions.

Le plus célèbre des Pétersbourgeois est Anatoli Tchoubaïs. Êtes-vous proches ? Vous vous fréquentiez déjà à Piter ?

Quand j'ai commencé à travailler pour Sobtchak, Tchoubaïs était président adjoint du comité exécutif du Lensoviet. Je n'ai jamais eu affaire à lui directement. Je n'étais pas proche de lui.

— « *Une mauvaise histoire de crédit* » —

Et quand il a inventé cette histoire de bons d'achat, comment avez-vous réagi ?

Je n'ai pas réagi.

Qu'avez-vous fait de votre bon d'achat ?

D'abord, je l'ai perdu. Puis une fois que je l'ai retrouvé, j'ai acheté quelque chose, un truc stupide. Près d'un an avant les privatisations, j'ai parlé de tout ça avec Vassili Leontief, le lauréat du prix Nobel[*] et il m'a dit : « *Donnez ces propriétés à qui vous voulez, de toute façon dans deux-trois ans, elles se retrouveront entre de bonnes mains. Même si vous les distribuez gratuitement.* » Et c'est ce qu'a fait Tchoubaïs. Je pense que c'était exactement son approche, quoique, bien sûr, vous devriez lui poser la question directement.

Dans deux-trois ans ? Vous pensez donc aussi que c'est inévitable ?

Je ne sais pas si c'est inévitable ou pas. Le plus important, c'est qu'elle se retrouve entre les mains d'un propriétaire efficace.

Mais elle s'est retrouvée entre les mains d'un propriétaire bien différent.

Et c'est justement le problème.

[*] *D'économie*

Et ça ne vous a pas vexé que la première chose qu'ait faite Tchoubaïs en arrivant à l'administration présidentielle fut de supprimer le poste qui vous avait été promis ?

Non. Je connais son approche de technocrate dans la résolution de certains problèmes. Il a juste estimé qu'une telle structure ne correspondait pas aux tâches que devait accomplir l'administration.

Il n'y avait rien de personnel ?

On n'est pas dans le domaine de l'intrigue. Il n'est pas le genre d'homme qui se laisse guider par ses sentiments. Bien sûr, je ne peux pas dire que j'ai été ravi de la nouvelle, mais je ne l'ai pas non plus soupçonné un instant de l'avoir fait exprès. À vrai dire, je ne lui en ai pas spécialement voulu.

Et quand avez-vous établi des contacts plus réguliers avec Tchoubaïs ?

Eh bien, jamais.

Oui, mais il vient vous voir à votre datcha de temps en temps ?

Oui, il vient de temps en temps.

Vous avez été surpris du soutien de Tchoubaïs à l'opération en Tchétchénie ?

Oui.

Pourquoi ?

Je pensais qu'il vivait dans un monde d'illusions. Il s'est avéré plus pragmatique, capable de comprendre les réalités de la vie et pas seulement se laisser guider par des idées éphémères.

Et quand il a dit qu'il soutiendrait votre candidature à l'élection présidentielle, ça vous a étonné ?

Non, ça ne m'a pas étonné, parce qu'il sait parfaitement que je ne suis pas un dictateur et que je n'ai pas l'intention de faire revenir le pays à l'âge de l'économie dirigée.

D'ailleurs, Tchoubaïs est un très bon administrateur. J'ai observé sa façon de travailler à la Commission des opérations et aussi lors des Conseils des ministres. Il sait saisir les principaux enjeux, et comme disait Lénine, «*il ne va pas s'accrocher aux maillons, mais tirer la chaîne entière*». Bien sûr, il est très têtu, un vrai bolchevik... Oui, c'est une bonne façon de le décrire. Malheureusement, il a une mauvaise histoire de crédit. J'entends par là qu'il n'a pas beaucoup de crédit aux yeux du public, il y a un problème de confiance de la population.

Qui trouvez-vous intéressant parmi les leaders politiques ?
Napoléon Bonaparte. *(Rires)*

Et plus sérieusement ?
De Gaulle, certainement. Et j'apprécie aussi Erhard. Un homme très pragmatique. C'est lui qui a bâti l'Allemagne nouvelle, celle de l'après-guerre. Toute sa conception du rétablissement du pays était basée sur la nécessité de définir de nouvelles valeurs morales pour la société. C'était particulièrement important pour l'Allemagne après l'écroulement de l'idéologie nazie.

— «*C'est moi qui vais les becqueter*» —

Pourquoi avez-vous annulé toutes vos visites à l'étranger avant les élections ?
Formellement, parce que le président et le Premier ministre n'ont pas le droit d'aller à l'étranger au même moment. Et moi, je suis en même temps Premier ministre et président par intérim.

Et non formellement ? Vous craigniez de vous faire becqueter pour la Tchétchénie ?
C'est moi qui vais tous les becqueter. Simplement, ils ne voulaient pas vraiment nous rencontrer à cause de la Tchétchénie et le format de la rencontre qu'on nous a proposée ne nous convenait pas. Pour organiser une rencontre dans un format qui nous convenait, ils nous ont demandé de changer de position sur le Caucase. Et ça, ça nous convenait encore moins, puisque ça nous aurait coûté beaucoup plus cher que mes déplacements à l'étranger.

Quand vous étiez encore « autorisé » à voyager, vous avez eu le temps d'aller en Nouvelle-Zélande et de rencontrer Clinton.
Oui. Je l'ai bien aimé.

Qu'est-ce qui vous a plu chez lui ?
C'est un homme charmant, je veux dire, quand on discute avec lui.

Vous éprouvez apparemment une sympathie mutuelle. Lui aussi, il vous a récemment soutenu sur internet.
Et lors de cette première rencontre, il a aussi été très attentionné. Quand nous étions en Nouvelle-Zélande, je ne me souviens plus si c'était lors du déjeuner ou du dîner, mais vers la fin du repas, il est venu me voir. Nous étions assis à des tables différentes. Nous avons un peu discuté, puis il m'a dit : *« Eh bien, on y va ? »* Les autres dirigeants et les invités se sont écartés tout le long de la salle pour nous laisser passer et nous avons emprunté ce couloir (humain) pour quitter les lieux. Nous sommes partis sous les applaudissements. J'ai considéré ça comme un signe d'attention particulière. Peut-être est-ce pour cela qu'il m'a fait une si bonne impression. Je rigole. Il a juste l'air d'être une personne sincère, ouverte et agréable, ce qui est très important.

Il a un charme naturel ?
Peut-être. Quand on n'a pas de charme naturel, c'est très difficile d'apprendre à en avoir. Je le sais bien.

Qui d'autre avez-vous rencontré personnellement ?
Kohl, Thatcher, Major.

Quand vous étiez encore en poste à Saint-Pétersbourg ?
Oui.

Avec Kohl, vous avez parlé allemand ?
Il a rencontré Sobtchak pendant une trentaine de minutes. Je traduisais pour eux. C'était une conversation très générale, ils ont parlé de tout et de rien. Nous étions en train de déjeuner. C'est

alors qu'il a proposé : «*Et si nous ne parlions pas de choses sérieuses aujourd'hui. Venez à Bonn dans deux semaines, et nous parlerons de tout.*»

Sobtchak a accepté cette proposition et il m'a emmené avec lui. C'était un déplacement d'affaires. Et vous savez ce qui m'a le plus étonné ? Je ne m'attendais pas à ce qu'un des principaux dirigeants européens ait une si grande et profonde connaissance de la Russie. Ça m'a épaté.

Aujourd'hui, je ne pourrais pas répéter exactement tout ce qu'il a dit, mais je me rappelle de mes impressions personnelles. Il connaît avec une profondeur admirable et l'histoire de notre pays, et son sort actuel. Il comprend l'essence des événements qui se déroulent en ce moment. Et j'ai trouvé particulièrement agréable qu'il dise ne pas pouvoir imaginer comment l'Europe existerait sans la Russie. Il a dit que les Allemands étaient intéressés non seulement par le marché russe, mais qu'ils voulaient aussi que la Russie devienne un partenaire digne.

Il aurait aussi pu dire tout ça par politesse.

Il ne m'a pas semblé que c'était le cas, non. Ce n'étaient pas des déclarations protocolaires. Je suis certain qu'il pensait véritablement ce qu'il disait.

— «*Ce n'est pas moi qui l'ai nommé*» —

Un leader si fort, et quel scandale après sa démission ! C'est étrange.

Rien d'étrange. Le scandale est à la hauteur du leader. En réalité, ils étaient affaiblis et attaqués par leurs adversaires. Des fautes ont été commises par le leadership de la CDU*. Mais après seize ans, n'importe quel peuple, même le plus stable comme le peuple allemand, aurait été fatigué d'avoir un seul leader, même aussi fort que Kohl. Ils auraient dû le comprendre à temps.

---

* *L'Union chrétienne-démocrate d'Allemagne*

Vous voilà arrivé au Kremlin, associé ces derniers temps à pas mal de scandales : Borodine et Mabetex, l'argent de la « famille »*… Vous, vous n'en parlez jamais et certains l'expliquent par le fait que c'est la « famille » qui vous a fait arriver là où vous êtes, et que pour la remercier, vous allez éteindre tous ces incendies.

Je n'ai jamais eu de relations particulières avec les personnes qui travaillaient dans l'entourage du président. Et il serait très risqué de confier à quelqu'un qu'on connaît peu la responsabilité « d'éteindre » quoi que ce soit.

Ça n'a pas l'air si risqué que ça, si vous avez nommé Borodine au poste de secrétaire d'État aux Relations entre la Biélorussie et la Russie.

Je ne l'ai pas nommé. J'ai proposé sa candidature. Et il a été élu.

Alors que toutes ces accusations scandaleuses traînent encore derrière lui ? Vous ne pensez pas qu'il aurait d'abord fallu tirer cette situation au clair avant de proposer la candidature de Borodine à un tel poste ?

Je crois à ce qui est inscrit dans la loi. Il y a une règle d'or, un principe fondateur de n'importe quel système démocratique, et ce principe, c'est la présomption d'innocence.

— *« Il y a eu une rencontre le soir »* —

Pourtant, dans l'affaire impliquant Skouratov, rien n'a été prouvé par la cour, et l'homme a tout de même perdu son travail.

Skouratov a été écarté de ses fonctions en pleine conformité avec la loi, qui stipule que pendant une période d'investigation dans le cadre d'une enquête ouverte contre le procureur général, ce dernier doit être démis de ses fonctions. Et c'est ce qu'il s'est passé.

Vous vous engagez à le faire revenir si l'enquête n'aboutit à rien ?

En théorie, oui. Mais ici, il y a plus qu'un aspect simplement légal. Il y a aussi un aspect moral. Pour moi, personnellement, l'aspect moral est clair. Je connais précisément les faits. Lui et moi, nous en avons parlé.

---

* *Sous-entendu celle d'Elstine*

Alors pourquoi nie-t-il encore les faits ?
Parce qu'il ne veut pas se compromettre, voilà tout.

Un journal a écrit que Skouratov a rédigé sa deuxième lettre de démission après que vous l'avez bien travaillé… Ils ont aussi dit qu'après avoir eu affaire à vous, les sous-sols de la Loubianka* pouvaient ressembler à un vrai petit paradis.
Tout ça, c'est des bêtises.

Et comment ça s'est passé ?
Nous nous sommes vus un soir. Boris Nikolayevitch, le Premier ministre Primakov, moi, encore directeur du FSB, et lui.
Boris Nikolayevitch a sorti la cassette et des photographies faites à partir de la vidéo. Il les a mises sur la table. Et il a dit : « *J'estime que vous ne pouvez plus continuer à travailler comme procureur général.* »
Et Primakov était d'accord : « *Oui, Iouri Ilitch, je pense que vous devez donner votre démission.* » Iouri Ilitch a réfléchi un instant, il a pris une feuille de papier et il a écrit qu'il donnait sa démission.

Si vous vous étiez retrouvé dans une situation similaire, comment auriez-vous agi ?
Si j'avais estimé que c'était incompatible avec l'exercice de mes fonctions, alors je serais parti. Je suis certain que la fonction de procureur général, par exemple, était incompatible avec un tel scandale.

Et la fonction de Premier ministre ?
Premier ministre ? Eh bien bizarrement, je trouve que ça aurait été moins sérieux. Le procureur, c'est autre chose. Le procureur doit être un modèle de moralité et d'éthique professionnelle, parce que c'est lui qui veille au respect des lois par tous les citoyens : y compris le Premier ministre et le président, et tous les autres.

Encore une question sur cette affaire et sur ces héroïnes. Faut-il lutter contre la prostitution ?
Via des mesures sociales et économiques.

* *Surnom du siège du FSB*

Lesquelles ?

Il faut que les gens vivent normalement. Après la Deuxième Guerre mondiale, la prostitution a fleuri en Europe occidentale parce que les gens y vivaient pauvrement. Discutez avec des vétérans de la grande guerre patriotique, ils vous diront eux-mêmes que les femmes se donnaient pour un morceau de pain. Et aujourd'hui, c'est aussi dû à la pauvreté, elles n'ont pas le choix. Si tu vis normalement, si l'économie se développe, si le niveau de vie augmente...

Eh bien justement, en Allemagne, le niveau de vie est élevé. Et alors ? Il y a de la prostitution et elle est même légalisée.

Mais dans leurs bordels, il n'y a que des étrangères ! Il n'y a pas d'Allemandes.

Et comment le savez-vous ?

On me l'a raconté. Des gens comme vous, de profession libérale.

Bon d'accord. Il n'y a pas d'Allemandes, mais la prostitution, elle, existe bien.

Oui, il y a de la prostitution. Je parlais seulement de la nationalité des participantes. Elles pratiquent toutes ouvertement. Et parmi elles, il n'y a pas d'Allemandes, parce que le niveau de vie dans le pays est très élevé.

Et vous, vous êtes pour ou contre la légalisation de la prostitution ?

Je ne pense pas qu'il faille légaliser la prostitution. Il faut la combattre par des mesures économiques et sociales. Pour que personne n'ait envie de faire ça. Pourquoi, vous êtes pour la légalisation, vous ?

— « *Il y a ce sentiment de camaraderie* » —

Eh bien, dans les maisons closes, il y a des médecins. Les filles ne se font pas voler leur argent et elles ne sont pas maltraitées.

Vous avez un bon cœur.

Quelle est la personne dont vous écoutez le plus les propositions ? Vous avez dit que vos technologues devaient, en guise de mission pour la première année, former une équipe. Qui est dans votre équipe ? À qui faites-vous confiance ?

Confiance ? À Sergueï Ivanov, le secrétaire du Conseil de sécurité.

Vous vous connaissez depuis longtemps ?

Depuis longtemps, oui, mais nous ne sommes pas si proches. Il a commencé à Leningrad au bureau local du KGB. À l'époque, je savais seulement qu'il existait. Ensuite, je suis parti à Moscou et je suis resté ici. Lui est parti à plusieurs reprises à l'étranger pour de longues missions. Nous avions beaucoup d'amis en commun. J'avais entendu beaucoup de choses sur lui et de personnes différentes. Des choses positives. Il connaît plusieurs langues : l'anglais, le suédois et le finlandais, je crois. Je considère qu'il est parfaitement à sa place. Il est récemment revenu des États-Unis, où il a fait un excellent travail. Il a rencontré Clinton, Albright, Berger. Je suis content de lui.

Y a-t-il des personnes avec qui vous ayez passé beaucoup de temps ?

Bien sûr. Et c'est toujours mieux d'avoir la possibilité d'apprendre à connaître quelqu'un dans la pratique, en travaillant ensemble. Mais vous m'accorderez que ce qui compte aussi, c'est le sentiment de camaraderie. Avec Ivanov, j'ai ce sentiment. Et avec Nikolaï Patrouchev, et aussi avec Dima Medvedev.

Medvedev dirige votre QG de campagne. Lui aussi, c'est un Pétersbourgeois ?

Il a travaillé à la chaire de droit civil de l'université de Leningrad, c'est un thésard en sciences juridiques et un expert de haut niveau. Quand je travaillais avec Sobtchak à la mairie, j'ai eu besoin de gens. J'ai demandé de l'aide à mes camarades de la fac de droit et ils m'ont proposé Dima. Quand j'étais adjoint au maire, il était mon conseiller, il a travaillé avec moi pendant un an et demi. Et ensuite, après les élections que nous avons perdues, il a naturellement quitté la mairie après un certain temps et il est revenu à l'université.

Vous l'avez récemment invité à vous rejoindre à Moscou ?
Je viens de le faire cette année. Pour tout dire, j'avais une autre idée concernant Dima. Je voulais qu'il dirige la commission fédérale de régulation des marchés financiers. Il est l'un des spécialistes. Il semble apprécier de travailler dans notre équipe. Où il travaillera exactement, nous verrons.

Qui d'autre ?
Je fais confiance à Alexei Koudrine. Aujourd'hui, il est Premier vice-ministre des Finances. Je considère que c'est un gars honnête et professionnel. Nous avons travaillé ensemble chez Sobtchak, nous étions tous deux ses adjoints. En travaillant plusieurs années avec lui, j'ai vraiment pu apprendre à le connaître comme il faut.

Et Igor Setchine, il vient d'où ?
Setchine aussi a travaillé chez nous à Saint-Pétersbourg, au bureau du protocole. Il est philologue de formation. Il connaît le portugais, le français et l'espagnol. Il a travaillé à l'étranger – au Mozambique et en Angola.

Il a combattu ?
Oui. Ensuite, il s'est retrouvé au comité exécutif du Lensoviet. Quand je suis devenu adjoint au maire et que j'ai choisi mon équipe, j'ai examiné plusieurs candidatures, et Setchine m'a plu. Je lui ai proposé de venir travailler pour moi. C'était dans les années 1992-1993. Et quand je suis parti travailler à Moscou, il a demandé à me suivre. Je l'ai pris.

— *« Ce sont des problèmes virtuels »* —

Et que va-t-il se passer avec la vieille garde du Kremlin ? Tout le monde dit : *« Attendez un peu, Poutine va gagner les élections et il va s'en débarrasser. Dans le meilleur des cas, il va les virer. »*
Vous savez, ce genre de logique est caractéristique des gens qui ont une mentalité totalitaire. Parce que ça, ça serait l'attitude d'une personne qui souhaite garder son poste pour toute la vie. Et ce n'est pas ce que je veux.

Mais il y a des figures auxquelles le public réagit de façon extrêmement négative, comme Pavel Borodine dont nous avons déjà parlé. Ou encore le chef de l'administration présidentielle, Alexandre Volochine. Il n'est pas apprécié par la société.

Volochine n'est pas tant mal apprécié par la société que par une partie de l'*establishment*. Cette image négative vient de la guerre que se sont livrée différents groupes et clans proches du pouvoir. Volochine n'a pas été préservé. D'ailleurs, ces clans ont multiplié les coups bas. Je ne pense pas que cela soit une raison pour licencier quelqu'un. À l'heure actuelle, je suis plus que satisfait par lui. Le travail que fait Volochine est délicat. Nous avons discuté pour essayer de savoir qui pourrait prendre sa place et nous avons pensé à Dima Medvedev. Volochine a dit lui-même : « *Laissons Dima devenir mon adjoint et quand il aura appris le job, il sera une bonne option pour me remplacer.* » Maintenant, ça ne sert à rien d'imaginer des choses.

Mais ça ferait sens de répondre aux critiques que la société adresse au pouvoir au Kremlin, à l'entourage de l'ancien président.

Moi aussi, je travaille pour l'État depuis longtemps. Est-ce que je fais partie de cet entourage ou pas ? Ce sont des problèmes virtuels. Un individu est beaucoup plus précieux avec ses connaissances, ses capacités et son talent à travailler. Je serai guidé par l'idée de savoir si une personne correspond aux besoins du poste qu'elle occupe. Parce que c'est ça l'essentiel.

Oh, et par ailleurs, je ne suis pas encore président. Il faut d'abord gagner les élections. Et pour être honnête, je suis plutôt superstitieux, j'essaye donc de ne pas penser par avance à ces choses-là. Ou pensez-vous que je devrais ?

CHAPITRE 10.

PRÉSIDENT PAR INTÉRIM

Vous avez envisagé de sacrifier votre carrière pour cette guerre et, à la place, vous êtes devenu président par intérim.

Ce qui a sûrement aidé, c'est que je ne voulais pas être président.

Quand Eltsine a dit qu'il voulait partir avant terme, vous n'avez pas répondu : « *Mais que dites-vous Boris Nikolayevitch ?!* **»**

Non, je n'ai pas entrepris de le faire changer d'avis, mais je ne me suis pas non plus extasié, je ne l'ai pas remercié ni assuré que je serais digne de sa confiance. Ma première réaction a été la suivante : « *Je ne suis pas prêt.* »

Quand j'ai été nommé Premier ministre, c'était intéressant et c'était un honneur. Je pensais travailler un an, et encore, ç'aurait été déjà bien. Je me disais que si je pouvais aider à sauver la Russie de la débâcle, je pourrais en être fier. C'est une étape importante de ma vie. Mais après...

Deux ou trois semaines avant le Nouvel An, Boris Nikolayevitch m'a fait venir dans son bureau et il m'a dit qu'il avait décidé de partir.

Ainsi, je devais devenir président par intérim. Il m'a regardé et il a attendu de voir ce que j'allais dire.

J'étais assis et je ne disais rien. Il a commencé à entrer dans les détails – à m'expliquer qu'il voulait annoncer son départ avant le réveillon… Quand il a eu fini de parler, j'ai dit : « *Vous savez, Boris Nikolayevitch, pour parler franchement, je ne sais pas si je suis prêt, si c'est ce que je veux, parce que c'est un destin difficile.* » Et je n'étais pas certain de vouloir un tel destin… Il m'a alors répondu : « *Quand je suis arrivé ici, j'avais moi aussi d'autres projets. Mais la vie en a décidé ainsi. Moi non plus, je n'aspirais pas à ça, mais de nombreuses circonstances ont fait que finalement, j'ai même dû me battre pour le poste de président. Et vous aussi, vous allez devoir prendre une décision. Et puis notre pays est si grand… Vous y arriverez.* »

Il est resté songeur. Ce n'était manifestement pas facile pour lui. Globalement, c'était une conversation assez triste. Je ne pensais pas sérieusement à l'idée d'être désigné comme successeur ; et quand Boris Nikolayevitch m'a annoncé sa décision, je n'étais certainement pas prêt.

Mais il fallait bien répondre quelque chose. Une question m'avait été posée : oui ou non ? Nous avons commencé à parler d'autre chose et je pensais que ça allait être oublié. Mais Boris Nikolayevitch m'a finalement dit en me regardant droit dans les yeux : « *Vous ne m'avez pas répondu.* »

D'un côté, il y avait mes arguments personnels, intérieurs. Mais il y avait aussi une autre logique. Le destin a fait que je pouvais travailler au plus haut niveau et travailler pour mon pays. Et c'est bête de dire : non, je vais plutôt aller vendre des cacahuètes, ou bien, non, je vais faire expert juridique privé. J'aurai toujours le temps de faire ça plus tard. Alors j'ai décidé de d'abord travailler ici, et ensuite ailleurs.

KATIA

Je déjeunais quand j'ai appris que papa allait devenir président par intérim. Quand maman me l'a dit, j'ai cru qu'elle blaguait. Ensuite, j'ai compris qu'elle ne ferait pas ce genre de blagues. Ensuite, le téléphone n'a pas arrêté de sonner, tout le monde nous félicitait. Les copains de classe et même la femme du directeur de l'école. Elle est professeur d'anglais. À minuit, nous avons allumé la télévision, et nous avons vu papa féliciter des gens. J'ai bien aimé. Il était devenu si sérieux... si calme. En somme, comme toujours. Papa est papa. Moi, d'un côté, j'ai envie qu'il devienne président, et d'un autre, je n'en ai pas envie.

MACHA

Et moi, d'un côté, j'ai pas envie qu'il devienne président, et de l'autre, j'en ai envie. Nous avons aussi écouté Boris Nikolayevitch parler ce jour-là. J'ai eu mal à la gorge. Mais pas comme quand on tombe malade, vous savez. Différemment. Il m'a vraiment touchée.

LOUDMILA POUTINA

J'ai appris la démission de Boris Nikolayevitch le 31 décembre, vers 13 heures.

Une amie m'a téléphoné et elle m'a dit : « *Tu es au courant ?* » Je lui demande : « *Qu'est-ce qu'il se passe ?* » Et voilà, elle me l'a annoncée.

J'ai pleuré toute la journée. Parce que j'ai compris que notre vie privée était terminée. Au moins pour trois mois, jusqu'au jour de l'élection présidentielle. Au plus, pour quatre ans.

Et donc, vous avez envie d'être président ou pas ?

Quand j'ai commencé à travailler comme président par intérim, j'ai senti... une satisfaction... Peut-être le mot n'est-il pas très bien choisi... C'est lié au fait de prendre des décisions de façon autonome, à la conscience d'être la dernière instance, et donc, à l'idée que beaucoup de choses dépendent de moi. La responsabilité. Oui. C'est agréable de se sentir responsable.

J'ai certaines règles personnelles. L'une d'entre elles, c'est de ne jamais rien regretter. Peu à peu, j'en suis venu à la conclusion que c'est très juste. Dès que nous nous mettons à avoir des regrets, à revenir en arrière, nous nous diluons. Il faut toujours penser à l'avenir, toujours regarder devant. Il faut analyser, bien sûr, les erreurs du passé pour corriger sa trajectoire et prendre la bonne voie dans la vie.

Cette vie, elle vous plaît ?
Il faut savoir profiter de ce processus. Chaque seconde que nous vivons est une seconde que nous ne pourrons jamais revivre.

Vous avez dit ça si sérieusement, comme si vous n'aviez jamais fait dans votre vie de bêtise irréfléchie ou perdu du temps pour des broutilles.
Des bêtises, j'en ai fait, et du temps, j'en ai perdu.

Par exemple ?
Ok. Une fois, avec le doyen des entraîneurs de «Troud», nous allions en voiture à une base près de Leningrad. J'étais encore à l'université. Un camion chargé de foin arrivait en face. Ma fenêtre était ouverte et le foin sentait très bon. Quand je suis arrivé au niveau du camion, j'ai passé ma main par la fenêtre pour attraper le foin. Ma voiture était contre le camion. Et bam ! J'ai lâché le volant. La voiture a été entraînée vers la roue arrière du camion. J'ai tourné le volant brutalement dans le sens inverse. Mon pauvre Zaporojets s'est mis à rouler sur deux roues. J'en ai quasiment perdu le contrôle.

Bien sûr, nous aurions dû terminer dans le fossé, mais heureusement, nous sommes retombés sur les quatre roues.

Mon entraîneur était assis à côté de moi, tétanisé, il n'avait pas dit un mot. C'est seulement quand nous sommes arrivés à l'hôtel et qu'il est sorti de la voiture, qu'il m'a regardé et qu'il m'a dit : «*Tu prends des risques.*»

Puis il s'est éloigné sans faire de commentaires. Il y a comme ça des choses que l'on fait et qu'on n'arrive pas du tout à expliquer. Qu'est-ce qui m'a attiré vers ce camion ? Peut-être bien ce foin qui sentait si bon.

SOMMAIRE

PRÉFACE DES AUTEURS 7

PRÉFACE DE L'ÉDITEUR 9

INDEX DES PERSONNALITÉS 13

LEXIQUE DES ABRÉVIATIONS 19

CHAPITRE 1 : LE FILS 23

CHAPITRE 2 : L'ÉCOLIER 33

CHAPITRE 3 : L'ÉTUDIANT 45

CHAPITRE 4 : LE JEUNE SPÉCIALISTE 61

CHAPITRE 5 : L'ESPION 79

CHAPITRE 6 : LE DÉMOCRATE 95

CHAPITRE 7 : LE BUREAUCRATE 135

CHAPITRE 8 : LE PÈRE DE FAMILLE 155

CHAPITRE 9 : LE POLITICIEN 169

CHAPITRE 10 : PRÉSIDENT PAR INTÉRIM 199

CHEZ LE MÊME ÉDITEUR

Buts en or & Hit Machine : So Foot, les années 90

Marc Beaugé *L'École des parents*

Le petit livre vert : Anthologie de la parole footballistique

Pédale !

SO LONELY

DIRECTION ÉDITORIALE : Brieux Férot & Éric Karnbauer
IDÉE ORIGINALE : Pierre Boisson
TRADUCTION : Ksenia Bolchakova
COUVERTURE : Cyrille Fourmy
CONCEPTION ARTISTIQUE : Peggy Cognet
FABRICATION : Leporello
© Éditions So Lonely, 2016

Tous droits d'adaptation et de reproduction
ISBN 978-2-9552900-3-3
DÉPÔT LÉGAL : Mai 2016
Achevé d'imprimer par en Union Européenne par Leporello

www.solonely-editions.fr